아빠의 첫 돈 공부

아빠의 첫 돈 공부

박성현 지음

알에이치코리아

노예 18년, 자유를 찾다

한가로운 평일 오후 2시, 베란다 창 가득 시원하게 한강이 펼쳐진 아파트에서 이제 막 학교에서 돌아온 사랑스러운 아이들을 맞이한다. 재잘거리는 아이들을 벤츠에 태우고 '배스킨라빈스 31'에 들러 아이스크림을 골라 먹는 재미를 누리는 게 일상인 나는, 얼마 전까지만 해도 노예였다.

그것도 무려 18년이나.

인공지능이 바둑 9단을 이기는 것도 놀라울 게 없는 요즘 같은 시대에 18년을 노예로 살았다고? 과장 섞인 표현이긴 하지만, 나는 분명 18년간 돈의 노예이자 월급의 노예로 살았다.

운 좋게도 40대 초반, 남들과 비교할 때 절대 많지 않은 나이에 노예생활을 청산하고 경제적 자유를 누릴 수 있게 되었다. 모두 부자 선배들의 가르침 덕분이다. 책으로 그리고 강연으로, 때론 인터넷으로 조금씩 쌓은 지식과 이를 실천한 노력이 모여 '경제적 자유'라는 결실을 보았을 때, 나는 내가 알게 된 것을 사랑하는 네 명의 아이들에게도 꼭 전수해 주어야겠다고 생각했다. 그것이 이 글을 쓰게 된 첫 번째 이유다.

안타깝게도, 대한민국 교육 시스템을 통해서는 '돈'에 대해 배울 수 없다. 그래서 마침 자유를 얻어 시간이 많아진 내가 직접 아이들의 선생이 되기로 했다. 나는 돈에 관한 조기교육을 시작했다. 이제 열 살 무렵이 된 아이들은 숨바꼭질 대신 은행놀이를 하고, 장난감보다 현금을 좋아하며, 저축할 돈을 마련하기 위해 서로 설거지를 하겠다며 티격태격한다. 우리 아이들은 적어도 나보다는 노예생활을 덜 하게 될 것이다.

물론, 이 글의 목적이 아이들을 위한 경제교육은 아니다. 이 책은 경제적 미성년자로서, 돈의 노예로 살아가고 있을 수많은 성인과 나 같은 부모가 경제적 자유를 찾는 데 도움이 될 만한 내용이라 의심치 않는다.

한번은 내게 큰 도움이 되었던 경제서 한 권을 친구에게 추천해 주었다. 하지만 그는 이런 머리 아픈 책보다는 마음에 평안을 가져다주는 힐링 에세이가 더 도움이 된다고 이야기했다. 그러고는 최근 복잡했던 마음을 치유해 준 감명 깊었던 구절 하나를 내게 소개해 주었다. 내용인즉슨, 인생에는 운동이나 체중관리 같은 '중요하지만 급하지 않은 것들'이 있는가 하면 '급하지만 중요하지 않은 것들'도 있는데, 사람들은 급한 것들을 먼저 처리하느라 정작 중요한 것들은 그냥 지나치고 산다는 것이었다. 나는 그 말을 듣자마자, 친구에게 소리쳤다.

"그래 바로 그거야! 내가 말한 그 책이 '급하지만 중요하기까지 한 것들'을 담고 있다니까!"

아무리 열심히 일해도 달라질 게 없는 갑갑한 현실에 지치면,

'체념'이라는 감옥에 갇혀 마음에 위안을 주는 것에만 눈길을 주게 된다. 도전보다는 도피를 택하는 것이 나약하기 그지없는 인간의 심리다. 열심히 해도 어차피 안 될 테니, 그냥 대충 살고 신나게 즐기는 게 현명할까? 이러한 삶을 선택한 이를 기다리고 있는 건, 텅 빈 잔고와 늙어 죽기 전까지 일해야만 생존할 수 있는 암울한 미래뿐이다. 문제의 가장 큰 원인은 '지금껏 열심히 하지 않았던 것'이 아니라, '무지한 채 열심히만 살았던 것'이다. 이를 깨닫는다면, 그 어떤 힐링 에세이를 통해 얻는 위안보다 더 가치 있는 희망을 이 책에서 발견할 수 있을 것이다.

바람이 없는 날 연을 날리는 것은 쉽지 않다. 연을 들고 열심히 뛰어다니지 않는다면 연은 결코 하늘 위로 날아오르지 않을 것이다. 몰아치는 산들바람에 어쩌다 떠오른다 해도 잠시만 한눈을 팔면 여지없이 땅바닥으로 곤두박질칠 게 틀림없다. 올라갈 듯 올라갈 듯 날아오르지 않는 연을 보며 바닥에 주저앉아 그대로 포기하고 집으로 돌아간다면, 그것으로 그냥 끝이다. 그 누구도 당신을 대신해 연을 들고 뛰어다녀주지 않을 것이며, 예상치 못한 큰 바람에 저절로 연이 날아오르는 행운이 생긴다 해도, 그 연은 더는 당신의 것이 아니게 된다.

하지만 어느 정도 높이로 연을 띄워 올리면, 더 이상 뛰어다닐 필요도, 너 높은 곳으로 날리려고 애쓸 필요도 없다. 그저 내가 한 번도 가보지 못한 높은 하늘 위로 부는 바람을 손끝으로 느끼며, 여유 있게 즐기기만 하면 된다.

나는 지금 부자가 아니다. 흙수저 출신인 내가 부자를 꿈꾼다는 것은 말 그대로 꿈에 지나지 않았다. 돈으로부터의 자유를 얻었다는 것이 곧 부자가 되었음을 의미하는 건 아니라는 이야기다. 일하고 싶을 때만 일을 하고, 또 일하지 않아도 돈 걱정 없이 사는 것이 내 첫 번째 목표이자 희망 사항이었는데, 이것이 지금 내가 이룬 전부다.

어마어마한 부를 이룬 진짜 부자들에겐, 내가 이룬 것과 내가 전하는 비결이 가소로워 보일 수도 있다. 하지만 멀기만 하고 뜬구름 잡는 식의 부자 되는 법을 소개하는 책이 넘쳐나는 요즘, 나는 누구에게나 가깝고 현실적인 부자가 되는 법을 담고자 노력했다. 이 책을 끝까지 읽는다면 최소한 경제적으로 자유로워질 수 있는 방법이 무엇인지 알게 될 것이다.

_박성현

Contents

1장
일해서 아끼는
돈

❝
인간이 먹고사는
네 가지 방법
❞

평화로운 어느 토요일 저녁, 우리 가족은 거실에 모여 앉아 TV로 영화를 봤다. 〈노예 12년*12 Years a Slave*〉이라는 제목의 영화였는데, 1840년대 미국 뉴욕에서 아내와 두 아이와 함께 자유롭게 살던 흑인 남성이 납치된 후 노예주州로 팔려 가 12년이라는 기간 동안 노예로 살아야만 했던 이야기를 다루고 있었다. 영화를 보던 어린 아들이 내게 물었다.

"아빠! 노예가 뭐야?"

자녀를 키워본 사람이라면 누구나 공감하겠지만, 질문의 내용이 쉽고 간단할수록 대답하기는 더욱더 귀찮고 어려워진다. 나는 영화에 집중하고 싶어서 무심하고 짧게 대답했다.

"종!"

미리 밝혀두지만, 나는 아이들에게 그리 자상하거나 인내심이 강한 타입의 아빠가 아니다.

"종이 뭔데?"

자칫 잘못했다가는 끝없는 질문과 대답이 난무하는 무한 루프의 덫에 걸릴 수 있으니 특히 조심해야 한다.

"주인이 시키는 일만 하는 사람."

아이가 다시 물었다.

"왜 주인이 시키는 일만 하는데?"

"그야……, 노예니까."

"노예가 뭔데?"

'이런 젠장. 오늘도 걸려들고야 말았다.'

아이를 키우면 인생을 다시 새롭게 사는 것 같다. 한글을 배우고, 학교에 가고, 군대에 가고, 직업을 선택하고, 결혼을 했음에도 모든 게 새롭다. '노예' 같은 단어에 관해 설명해야 할 때는 좀 더 철학적인 접근이 필요하기에, 평소에는 아무런 느낌이 없었던 말도 전혀 새롭고 의도치 않았던 정의로 귀결될 때가 있다. 나는 영화에 집중하기 위해, 최대한 상세하게 설명해 준 뒤 귀찮은 아이를 그만 떼어내 버려야겠다고 마음먹었다.

"응, 그러니까……, 노예는 말이지. 주인이 시키는 일을 대신해 주는 사람이야. 이를테면 주인의 빨래를 대신한다든지 음식을 대신 만들어준다든지 농사를 대신 지어준다든지 하는……."

이때 나는 '농사가 뭔데?'라는 질문이 나오면 어쩌나 하는 마음에 말끝을 조금 흐릴 수밖에 없었다.

"왜 주인 대신 일을 하는데?"

"그야, 대신 일을 해주면 주이이 그 대가로 밥도 먹여주고, 옷도 입혀주고 돈도 주니까."

나는 이제야 뭔지 알겠다는 듯 고개를 끄덕이는 아들 녀석의 작고 까만 머리통을 바라보며, '이제 끝났구나!' 하는 안도감에 미소를 지었다. 하지만 그 미소는 결코 오래가지 못했다.

"그럼 아빠도 노예네?"

훅 들어온 아들의 결론 같은 질문에 선뜻 말을 잇지 못했다. 하지만 나 역시 회사의 소유주를 대신해 일하고 그 대가로 돈을 받는 노예라는 사실을 부정할 수 없었다.

세상에는 크게 네 가지 부류의 사람들이 존재한다. 그중 두 가지는 주인 쪽이고, 남은 두 가지는 노예 쪽이다.

첫 번째 부류의 노예는 금수저 출신을 제외한 세상 거의 모든 사람이 반드시 거쳐야 하고 또 거칠 수밖에 없는 피고용인, 즉 '월급쟁이'다. 국어사전에서는 월급쟁이를 '월급을 받는 사람을 낮잡아 부르는 말'이라고 정의하는데, '사장쟁이'나 '건물주쟁이' 같은 말이 없다는 점에서, 어원의 유래에 분명 합당한 이유가 있을 거라는 유쾌하지 않은 복선이 감지된다.

여기서 한 가지 짚고 넘어가야 할 건, 최저임금을 받는 편의점 아르바이트생과 증권사에서 몇천억 원을 주무르는 펀드 매니저 같은 억대 연봉자를 같은 부류로 분류할 수 있느냐 하는 것이다. 일단 노예에서 벗어나는 것이 곧 경제적 자유를 얻는 것이라는 관점에서 보자. 둘 다 '미리 주인과 맺은 계약에 따라 내가 일하고 싶지 않은 월요일 오전 9시에 그가 지시한 장소에 있어야 한다'는 점에서 다를 게 없다면, 그 둘은 똑같이 분류될 수밖에 없다. 쉽게 말해, 시간을 제 마음대로 사용할 수 없는 한 그들 모두 노예일 뿐이다.

두 번째 부류의 노예는 개인 사업을 하는 자영업자다. 여기서도 치과의사나 변호사처럼 비교적 고소득의 전문직 종사자들을 치킨집이나 피자집 사장과 한데 묶는 것에 이의를 제기할 수 있다. 다섯 명이나 되는 간호사들의 도움을 받으며 일하는 의사가 노예라니 말이 안 된다고? 하지만 간호사들은 그저 의사를 도울 수 있을 뿐이지 그가 하는 일을 대신해 줄 수는 없다. 만약 의사 면허증이 없는 그들이 의사를 대신해 환자를 수술한다면 의사는 감옥에 가게 될 것이다. 사실상 의사가 존재하지 않는 한 간호사는 돈을 벌 수 없고, 간호사가 있다고 해도 의사는 자신의 시간을 투자해야만 돈을 벌 수 있다.

결국, 월급쟁이와 자영업자 모두 돈을 위해 일하는 노예들이다. 정해진 시간 동안 자신의 기술이나 노동력을 투여해야만 그것에 비례해 돈을 벌 수 있기 때문이다. 그렇다면 돈의 주인, 즉 돈의 노예가 아닌 사람들은 어떤 이들일까?

첫 번째 부류의 주인은 사업가다. 사업가는 사업을 계획하고 회사를 경영하는 사람을 의미한다. 경영 능력을 발휘하는 것 또한 고도의 두뇌 노동이라 할 수 있지만 자영업자, 즉 개인 사업자와 구분되는 가장 큰 차이는 일하는 시간이 수입의 크기와 결과에 꼭 비례하지 않는다는 점이다.

여기서 한 가지 중요한 건, 사업가와 자영업자를 구분 짓는

잣대가 매출의 규모나 수입의 크기가 아니라는 점이다. 만약 앞에서 자영업자로 구분한 치킨집 사장이 한 달이라는 비교적 긴 여름휴가 기간에도 수입이 전혀 줄어들지 않았다면, 그는 장사가 아닌 사업을 하는 사업가라고 볼 수 있다. 직접 자신의 시간을 투자해야만 돈을 버는 노예가 아닌, 주인이라는 말이다. 햄버거를 판매하는 맥도널드의 창업자 레이 크록^{Ray Kroc}을 사업가라고 부르듯, 시스템에 의해 자생적으로 움직이는 조직과 그에 따른 수입이 있다면 그는 노예가 아닌 주인이라고 볼 수 있다.

인기 케이블 방송 프로그램 〈서민 갑부〉를 통해, 우리는 자영업으로 큰돈을 번 다양한 이들의 삶을 엿볼 수 있다. 다만, 그들이 벌어들이는 어마어마한 돈이 부러운 것도 잠시, 새벽부터 시장에 나가 신선한 식자재를 직접 고르고, 땀을 뻘뻘 흘려가며 밀가루 반죽을 하고, 잠시 숨 돌릴 틈도 없이 손님을 접대하고 밤늦게야 집으로 향하는 그들의 삶을 보면, 그리 매력적으로 보이지만은 않는다. 어쩌면 '돈의 노예'라는 수식이 그 누구보다 잘 어울리는 모습이기도 하다.

미국의 3부작 드라마 〈로스트 룸^{The Lost Room}〉에는 갖가지 특수한 능력을 지닌 마법 아이템들이 등장한다. 내게 가장 인상 깊었던 초능력 아이템은, 테이블에 두드리면 1센트, 원화로 약 10원 정도의 동전이 만들어지는 요술 연필이었다. '저런 도깨비방망이 같은 연필 하나만 있으면 정말 좋겠다' 하는 생각은, 도대체 얼마나 열심히 연필을 두드려야 부자가 될 수 있을까 하는 생각으로 이어졌다.

연필을 1분에 열 번 두드릴 수 있다고 가정하면, 1분에 100원, 10분에 1,000원, 1시간이면 6,000원을 만들어낼 수 있다. 큰돈처럼 보이는가? 하지만 그 요술 연필로 얻을 수 있는 수입이 대한민국 시간당 최저임금 수준에 미치지 못한다는 걸 아는가? 결국 극 중 요술 연필의 주인 역시 밤낮으로 테이블을 두드려 돈을 만들어내다가 미쳐버리고 말았다. 여기서 우리는 시간과 맞바꾸는 돈, 혹은 시간에 비례하는 수입에는 한계가 있다는 걸 알 수 있다.

두 번째 부류의 주인은 투자가다. 투자가는 의심의 여지가 없는 '경제적 자유를 누리는 사람'이다. 그들이 돈을 버는 수단은 다름 아닌 돈이다. 그들은 돈의 주인이며 돈은 곧 그들을 위해 일하는 충실한 노예들이다. '지금 잠을 자면 꿈을 꾸지만, 지금 자지 않고 공부를 하면 꿈을 이룬다'라는 어느 입시학원의 홍보 문구와는 달리, 투자가들은 자신이 잠을 자는 동안에도 끊임없이 꿈을 이룰 수 있는 돈을 벌고 있는 셈이다.

누구나 주인의 삶, 즉 경제적 자유를 갈망할 것이다. 하지만 안타깝게도 아무나 주인이 되는 건 아니다. 우선 돈이라는 노예가 있어야 하고, 그 돈을 노예로 삼아 또 다른 돈을 만들어내는 방법을 알아야 한다.

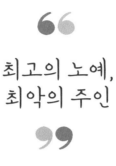

최고의 노예,
최악의 주인

부자가 되는 비결을 알려준다는 책이나 강연의 메시지엔 공통점이 있다. 대개는 지금 당장 직장을 때려치우고 사업을 하거나 투자를 하라고 강조한다는 것이다. 이는 살을 빼려면 먹지 말고 운동을 하라거나 좋은 대학에 가려면 국·영·수를 중심으로 공부를 열심히 하라는 말만큼이나 당연해 보이는데, 문제는 그대로 따르기에는 현실과 거리가 너무 멀다는 것이다. 누군들 사업하기 싫어서 남 밑에서 일하고, 투자가 하기 싫어서 스스로 돈의 노예가 되었겠는가?

나 역시 일찌감치 월급의 노예로는 미래가 없다는 사실을 깨달았다. 그래서 호기롭게 칼국숫집을 열었다가 1년 만에 접었고, 그럴싸한 사업 아이템으로 억대의 큰돈을 투자받아 사업을 시작했는데, 3년이나 지난 시점까지 매출은커녕 서비스 오픈조차 제대로 못 한 형편이다. 결국 대다수는 원해서가 아닌, 그것밖에 할 수 없어서 '월급 노예'의 삶을 사는 것이다. 내가 무려 18년이라는 기간 동안 했던 노예생활 역시 자발적이고도 필수불가결한 요소였다는 사실을 부정할 수 없다.

아빠 역시 돈의 노예가 아니냐고 물었던 아들은, 이제 "아빠는 왜 백수냐?"라는 도발적인 질문을 던졌다.

"돈이 아빠의 노예가 돼서 돈을 벌어오고 있기 때문에, 이제 아빠는 다른 아빠처럼 회사에 가지 않아도 되는 거야. 너도 나중에 아빠처럼 돈한테 일을 시킬 수 있어야 해."
"그래? 그런데 나는 노예가 조금밖에 없는데 어떡해?"

어린아이의 원초적인 질문은 때때로 기대 이상의 성찰을 가져다주기도 한다.

"그럼, 노예를 더 많이 만들어내면 되지."

그렇다. 노예 18년은 나에게 있어 결코 헛된 시간만은 아니었다. 바로 나를 대신해 일해 줄 노예, 즉 돈을 더 많이 생산할수 있는 필수 과정이었다. 덕분에 기대치 않게 얻은 깨달음을 아들에게도 전해 주었다.

"아빠는 노예 1억 명을 은행에 보내서 일을 시켰어. '예금'이라는 일인데, 그랬더니 아빠 대신 1년 동안 열심히 일하더라. 심지어 아빠가 자는 동안에도 말이야."
"그 1억 명의 노예들이 얼마를 벌어왔는데?"
"170만 원 정도."
"와! 내가 10년 동안 모은 전 재산보다 많이 벌었네?"

참고로, 당시 아들 녀석이 자신의 통장에 1,000~2,000원씩 저축해 모은 돈은 70만 원 정도였다. 그리고 평소 아이들에게 '돈이야말로 돈을 벌어다 주는 노예'라고 가르친 덕분에, 우리 가족은 '원'이라는 화폐 단위 대신 돈을 의인화한 '명'이라는 단위를 사용하고 있었다.

"나도 내 노예 70만 명한테 일을 시킬 수 있는 거야? 얘들은 한 달에 얼마나 벌어올 수 있어?"

"70만 원으로는……, 잠깐 계산 좀 해보자. 은행 정기예금의 연 이자율이 2%일 때 세금으로 15.4%를 떼가는 걸 고려하면, 연리가 1.7% 수준이야. 그럼 1년에 1만 2,000원이니까, 한 달이면 1,000원 정도 되겠네."

"에계? 겨우 1,000원?"

거실 청소 같은 사소한 심부름의 대가로 건당 1,000원의 수입을 얻던 아들 녀석의 경제 수준에서는, 한 달에 1,000원이라는 수입이 보잘것없어 보였을 테다.

"그래. 1,000원! 너무 별것 아닌 것처럼 보이니? 그렇다면 어떻게 해야 할까?"

"노예를 더 많이 만들어야겠네."

"그래 맞아. 노예가 많아야 네가 원하는 만큼의 큰돈을 벌 수 있는 거야. 그러니 지금은 너의 노예들보다 네가 직접 일해서 버는 게 훨씬 낫겠지?"

그날 저녁, 식사를 마친 아들 녀석은 엄마 대신 저녁 식사 설
거지를 자정했다. 노예들을 더 만들어내기 위해서 말이다. 그렇
게 아들은 노예 2,000명을 얻었다.

돈은 최고의 노예이자 최악의 주인이다.
— 프랜시스 베이컨Francis Bacon, 근대 경험론의 선구자

66
월급쟁이를 위한
지렛대
99

지금의 나는 경제적 자유를 누리며, 노예생활을 하지 않아도 되는 삶을 살고 있다. 하지만 동시에 언제든 다시 노예가 될 여지도 있다. 처음엔 안정적인 삶을 유지시켜 주는 회사생활을 완전히 접을 만큼의 확신과 용기가 없었기에, 과연 월급이라는 마약 없이 살아갈 수 있는지 시험해 볼 기회가 필요했다.

내가 선택한 것은 육아휴직이었다. 아이들에게 바쁘지 않은 아빠를 선물하고 싶다는 이유가 가장 크긴 했지만, 퇴직이 아닌 휴직을 통해 은퇴와 같은 시간적 자유를 얻을 수 있고, 월급이 없는 삶이 어떤지 미리 체험해 볼 기회를 얻을 수 있을 것 같았기 때문이다.

원하기만 하면 언제든 다시 회사로 돌아갈 수 있는 상황이라, 위험 요소는 그리 많지 않을 것 같았다. 물론 다시 회사로 돌아갔을 때 회사가 나를 반기지 않을 수 있고, 이를 견딜 각오도 해야 했기에 쉬운 결정은 아니었다. 육아휴직이란 제도적인 안전장치를 통해 해고의 위험에서는 어느 정도 자유로울 수 있지만, 승진의 기회를 박탈당할 건 불 보듯 뻔했다.

우리나라에서는 초등학교 2학년 이하의 자녀 한 명당 1년의 육아휴직이 가능하다. 나는 이 조건에 해당하는 자녀가 넷이나 있어서, 총 4년의 육아휴직이 가능하다. 4년은 월급 없는 삶을 유지할 수 있는지를 테스트하기에는 충분한 시간이다.

육아휴직 중에 할 수 있는 생산적 활동은 재테크밖에 없다. 이러한 이유로 나는 자연스럽게 금융과 투자에 관한 연구에 몰두했다. 임원이 되기 바로 직전인 부장의 직급으로 일하면서 나름대로 적지 않은 연봉을 받았던 터라, 육아휴직 직후 백수나 다름없는 생활을 하던 처음 몇 개월은 자유를 만끽하는 즐거움보다 월급이라는 미약에 대한 금단 증세가 더 심했다.

그러나 육아휴직이야말로 내가 경제적 자유에 이르게 된 결정적인 원동력이 되었다. 그 선택이 없었다면, 나는 좀 더 인정받는 노예가 되기 위한 승진과 임금 상승 등을 위해 내 모든 노력과 시간을 쏟아부었을 게 틀림없다. 돈을 좀 더 많이 받는 노예 역시 노예에 지나지 않는다는 사실을 깨닫는 것은 그리 쉬운 일이 아니다. 웹툰 〈미생〉에서 오상식 차장이 내뱉은 "회사 안은 전쟁터이지만, 회사 밖은 지옥이다"라는 대사는 불편한 진실이자, 경제적 자유를 찾아 회사를 떠나려는 월급쟁이를 망설이게 만드는 이유이기도 하다.

다만, 월급쟁이라면 안전한 울타리 안에서 투자가가 되기 위해 비교적 안정적으로 미래를 준비할 수 있으며, 그 지위를 이용해 훌륭한 투자 지렛대(레버리지)도 만들 수 있다. 만약 주식 투자로 연 수익률 30% 정도를 무난히 달성할 수 있는 실력을 갖춘 월급쟁이와 전업투자자가 있다고 가정해 보자. 두 사람의 투자 자산은 똑같이 1억 원이다. 전업투자자는 그 1억 원으로 1년 동안 3,000만 원의 수익을 올릴 수 있다. 하지만 월급쟁이는 그가 매월 벌어들이는 안정적인 수입과 그가 속한 회사의 신용 덕분에 은행으로부터 추가로 1억 원의 투자 자금을 더 마련할 수 있다. 따라서 월급쟁이는 총 2억 원을 투자해 연 6,000만 원의 수익을 낼 수 있고, 연 5%의 은행 이자비용을 제외하더라도 전업투자자보다 3,500만 원의 수익을 더 창출할 수 있다. 물론 전업투자자도 은행에서 대출을 받을 수 있겠지만, 월급쟁이에 비해 대출 가능 금액이 현저히 적을 것이며 보다 높은 금리의 이자비용이 발생할 것이다. 실제로 나는 부동산을 구매하는 과정에서 월급쟁이라는 신분 덕분에 대출액과 대출금리에서 한층 유리한 조건을 갖출 수 있었다.

태어날 때부터 사업가의 DNA를 지니고 있었거나 본디 금수저를 물고 태어나 투자 자본이 넉넉하다면, 굳이 월급쟁이라는 노예생활을 거치지 않아도 된다. 하지만 그러한 능력과 환경이 모든 사람에게 주어지는 건 아니기에, 이 세상은 월급쟁이들로 넘쳐날 수밖에 없다. 부자들은 쉽게 말한다. 왜들 그렇게 월급쟁이가 되고, 또 되려고 하는지 도저히 이해할 수 없다고. 또 부자가 되려거든 지금 당장 직장에 사표를 내던지라고.

하지만 내 생각은 그들과 조금 다르다. 월급쟁이의 급여는 안정적인 투자 재원 조달 방법이며, 그 지위는 효과적인 레버리지다. 또한 월급쟁이가 몸담는 직장은 영민한 사업가가 되기 위한 수업료 없는 학원이다. 중요한 것은 월급의 노예로 사는 동안 앞으로 돈의 주인으로 살기 위한 준비를 제대로 하는 것이다.

나는 책을 통해 금융 지식과 투자 노하우를 습득해 노예생활을 하지 않고도 경제적으로 여유로운 삶을 영위할 방법을 마련하는 데 성공했다. 하지만 언젠가는 다시 회사로 복귀할 계획도 가지고 있다. 이미 경제적 자유를 얻었는데도 다시 자발적으로 노예가 되겠다는 계획에 아내는 동의하지 않는다. 아이들과 함께 행복하고 여유로운 일상을 보내게 된 남편에게 익숙해진 아내로서는 당연한 반응일지 모른다.

내가 실질적인 퇴직과 다름없는 육아휴직을 선택했을 때, 개인적으로 가장 아쉬웠던 건 지난 20년간 쌓은 전문가로서의 경험과 능력이었다. 나는 내 분야에서 나름대로 전문가로 인정받아 많은 대학과 대기업, 공공기관 등에서 강연을 하고, 국내 1위의 대기업 경영진에게 자문하며 웬만한 직장인의 월급만큼을 1시간의 컨설팅 수수료로 받기도 했다. 이른바 실력 있는 노예였던 셈이다. 이처럼 오랜 기간 쌓은 전문 분야의 노하우와 능력을 뒤로하고, 전혀 새로운 길로 가려니 아쉬움이 남을 수밖에. 그리고 경제적 자유를 이룬 지금은, 오히려 생존을 위해 일할 필요가 없게 되니 회사에 출근해 일하는 게 즐거울 수 있겠다는 생각마저 든다. 이 같은 여유로움이 더 큰 능력을 발휘할 수 있는 에너지가 될 수 있겠다는 기대감도 생긴다. 늘 농담처럼 말했던 '취미로 다니는 직장'을 현실에 구현할 수 있게 된 것이다.

종종 나는 건물주의 삶을 부러워하는 후배들에게 '우리는 걸어 다니는 건물'이라고 말하곤 했다. 월 400만 원의 임대수익이 발생하는 건물의 가격은 대략 10억 원 이상으로 추산된다. 그러니 월급으로 400만 원 정도를 받고 있다면 10억 원짜리 건물을 소유한 사람과 같은 수입을 얻고 있다는 뜻이다. 차이가 있다면, 건물주는 그의 노예인 건물이 자신을 대신해 일해 주지만, 월급쟁이는 스스로 노예가 되어 일해야 한다는 점이다.

앞에서 언급했지만, 수익성 측면에서만 따져본다면 직장생활은 투자를 위한 종잣돈을 마련하는 데 무척이나 효과적인 경제활동이다. 건물의 가치 하락이나 공실 발생의 리스크를 감수해야 하는 건물주와 비교하면, 월급쟁이의 리스크는 거의 제로에 가깝다. 자영업자와 사업가가 계속해서 수익을 창출하고 손해를 보지 않기 위해 끊임없이 고민해야 하는 주말에, 월급쟁이는 자신의 몸을 희생해 얻은 급여로 미래를 위한 가치 있는 투자를 계획할 시간을 가질 수 있다.

'최고의 노후 대비는 은퇴하지 않는 것이다'라는 말이 있다. 경제적 자유를 얻을 수 있는 완벽한 준비를 하기 전까지는 월급쟁이라는 지렛대를 최대한 활용해야 한다. 버틸 수 있을 때까지 버텨야 하는 이유는, 현재 먹고살기 위해서가 아니라 미래에 먹고살기 위해서라는 걸 기억하라.

> 가난하게 태어난 것은 당신의 잘못이 아니다.
> 그러나 죽을 때도 가난한 것은 당신의 잘못이다.
> – 빌 게이츠Bill Gates, 미국의 기업가

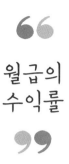

월급의
수익률

'월급쟁이가 자신의 인생을 파는 노예'라는 얘기만 듣다가, '월급쟁이는 한편으로 걸어 다니는 건물'이라는 얘기를 들으며 안도의 한숨을 내쉬었을지 모르겠다. 하지만 안도하기에는 너무 이르다. 월급의 수익률이라는 게 생각보다 그리 높지 않기 때문이다. 여기서 '월급이 적다'와 '월급의 수익률이 낮다'는 말은 서로 다른 의미다.

임차인에게 건물을 임대할 때도 임대 수익에서 비용을 차감해야 실제 수익을 알 수 있는 것처럼, 월급에서도 비용을 차감

해야 실제 수익의 규모를 파악할 수 있다. 여기서 말하는 비용은 사회보험료나 근로소득세처럼 회사에서 친절하게 떼어가는 비용만 뜻하는 건 아니다. '걸어 다니는 건물'에는 말 그대로 '걸어 다니기 위한 비용'이 필요하다. 출·퇴근을 위한 교통비와 점심 비용뿐 아니라, 회사에 다니지 않았다면 사지 않았을 옷과 구두의 구입비도 비용에 포함된다. 어디 그뿐인가? 출·퇴근을 위해 회사 가까운 곳에 구한 집의 월세는 물론, 직장동료와의 팀워크를 다지기 위해 쓴 술값, 상사에게 받은 스트레스를 해소하기 위해 떠난 주말여행 경비까지 모두 비용 처리 대상이다.

이 정도 비용은 월급에 비해 그리 크지 않으니 쿨하게 낼 수 있다고 생각하는가? 그 회사에 취업하기 위해 당신은 얼마의 비용을 더 지출했는가? 대학교 등록금과 영어 학원비 그리고 취업 대신 다른 일을 선택했을 때 얻을 수 있었던 기회비용도 빼놓을 수 없다. 이런 비용까지 더한다면 월급의 실제 수익이 그리 많지 않다는 것을 알게 될 것이다.

연봉이 5,000만 원인 사람은 대개, 자신이 1년 동안 벌 수 있는 돈이 현금 5,000만 원이라고 생각한다. 하지만 앞에서 말한 비용을 제하고 나면, 연봉 5,000만 원과 현금 5,000만 원이 절대로 같은 크기가 될 수 없다는 걸 알 수 있을 것이다. 자신이 1년 동안 벌어들일 수 있는 돈의 크기를 잘못 계산하면 미래를 위한 계획에도 차질이 생길 수밖에 없다. 바로 이런 이유에서 계획한 목돈이 생각처럼 쉽게 모이지 않는 것이다.

월급쟁이인 자신이 걸어 다니는 건물이라고 생각한다면, 다른 건물들보다 더 많은 수익을 내기 위해 노력해야 하고, 또 이를 위해서는 실제 수익이 어느 정도인지 정확하게 파악하고 있어야 한다. 당연한 말이지만, 수익이 얼마인지 알아야 수익률을 계산할 수 있다. 굳이 귀찮고 복잡한 가계부까지 쓸 건 없다. 그저 한 달에 한 번, 근로소득 등을 통해 벌어들인 금액의 합을 수입 항목에 적고, 신용카드나 현금으로 지출된 금액의 합을 지출 항목에 적어보라. 그다음 그 차액이 플러스인지 마이너스인지를 살펴보는 것이다. 그 금액의 크기가 지난달보다 늘었는지 줄었는지 정도는 파악할 수 있을 것이다. 단 몇 달이라도 이 정도의 노력을 기울인다면 자신의 평균 수익과 수익률을 알 수 있다. 돈을 어떻게 모을지 그리고 그 돈을 어떻게 불릴지는 그다음에 생각할 일이다. 의사가 환자의 현재 상태를 살펴야 그에 맞는 치료를 할 수 있듯, 우리 역시 보다 나은 경제적 삶을 위해서는 현재 재정 상태를 먼저 파악해야 한다.

월급을 얻기 위해 소요되는 비용은 대부분 일정하다. 따라서 고정비의 성격을 지니고 있다. 비용이 월급의 크기에 꼭 비례하는 건 아니므로 대체로 월급이 많으면 월급 수익률이 높고, 월급이 적으면 월급 수익률이 낮을 수밖에 없다. 물론 월급 수익률을 가장 효과적으로 올릴 수 있는 방법은 승진이나 성과급 등을 통해 월급 액수를 키우는 것이겠지만, 이것이 절대 쉽지 않다는 건 직장생활을 해본 사람이라면 동의할 것이다.

결국 월급 수익률을 높여서 수익을 극대화할 방법은 딱 한 가지뿐이다. 바로, 비용을 줄이는 것. 이때 비용을 똑같이 줄이더라도 월급이 많은 사람과 적은 사람이 얻는 효과는 다르다. 월급이 1,000만 원인 사람이 10만 원의 비용을 줄이면 고작 1%밖에 되지 않지만, 월급이 100만 원인 사람이 10만 원의 비용을 줄이면 그 비율이 10%에 달한다. 무슨 의미인가? 월급 수익률을 높이기 위해 비용을 줄이는 방법은, 월급이 적으면 적을수록 더 큰 효과를 거둘 수 있다는 것이다!

66
은퇴 시뮬레이션을
마치며
99

사실 나의 육아휴직은 회사 내부에서 일어난 여러 가지 일 때문에 반강제적으로 시작된 것이었다. 회사가 내린 결정이 섭섭하기도 했고, 18년간의 노예생활로 지친 몸과 마음을 정비한 후 새로운 각오를 다져보고 싶기도 했다. 또 사랑하는 아내와 네 명의 귀여운 아이들에게 바쁘지 않은 남편과 아빠를 선물해보자는 생각도 있었다.

물론 그 18년 동안 나는 쉼 없이 일했고, 절약과 저축 그리고 투자에 관한 공부를 게을리하지 않은 덕분에, 일정 기간 버틸 수 있을 규모의 자산을 모아둔 상태였다. 따라서 지금까지 해온 방식을 그대로 유지한다면, 그러니까 소비의 최소화와 절약을 기반으로 한 삶의 패턴을 크게 바꾸지만 않는다면 월급이 없어도 현재의 생활을 어느 정도 유지할 수 있겠다는 확신이 있었다.

물론, 육아휴직 기간에도 '육아휴직 급여'를 받을 수 있다. 당시엔 최고 100만 원 정도였다(2019년 1월부터 120만 원으로 상향 조정되었다). 실제로는 매월 그 금액의 75%인 75만 원만 받을 수 있고, 나머지 25%인 25만 원은 육아휴직이 종료된 후, 회사에 복귀해서 6개월 이상을 근무해야 받을 수 있다.

육아휴직을 마친 후 바로 퇴직하는 걸 막기 위해 휴직 급여를 나누어 주는 것이기는 하지만, 그렇다고 해도 아이를 키우는 가구에서 월 75만 원으로 생활한다는 건 불가능에 가깝다. 따라서 맞벌이를 하는 가정이 아니라면, 육아휴직은 꿈도 꾸지 못할 선택임이 틀림없다. 참고로, 육아휴직 기간에는 부족한 생활비를 충당하기 위해 파트타임 근무 같은 소소한 아르바이트를 하는 것도 법적으로 허용되지 않는다.

한 가지 다행인 점이라면, 육아휴직 기간도 근무 기간에 포함되므로 회사에 적립되는 퇴직금은 그대로 유지된다는 것이다. 육아휴직 급여와 퇴직금 적립액을 내가 육아휴직 기간에 얻을 수 있는 수입으로 계산해 보니, 대략 당시의 최저임금 수준과 엇비슷한 수준이었다. 그야말로 버틸 수 있는 최소한의 환경과 자금은 조성되었던 것이다.

어떤 이유로 육아휴직을 했든 일단 하게 된 이상, 그동안 아이들을 돌보고 쉬는 일뿐 아니라, 머지않아 반드시 닥치게 될 은퇴 이후의 삶을 시뮬레이션해 봐야겠다는 생각이 들었다. 당시 내가 생각했던 경제적 자유를 누리는 삶이란 일하고 싶을 때 일하고, 일하고 싶지 않을 때 일하지 않아도 먹고살 수 있는 삶이었다. 육아휴직으로 인해 물리적인 자유를 달성했으니, 이제 회사라는 우산 없이도 비를 피할 수 있는 방법에 관한 고민과 연구를 시작할 차례였다.

18년 동안 미디어와 콘텐츠 분야에서 일했던 내가 회사 밖에서 수익을 창출할 방법은, 가끔 의뢰가 들어오는 국가기관 사업의 심사나 시험 감독관, 강연 등이 전부였다. 나름대로 한 분야에서 최고 수준의 커리어와 경험을 보유하고 있다고 자부해 왔음에도 막상 회사라는 든든한 우산이 사라지고 나니, 집 없는 달팽이처럼 나약하고 볼품없을 뿐이었다. 매일 출근할 필요가 없는 물리적인 자유로 몸은 편했지만, 마음은 불편하기 짝이 없었다. 만약 내가 당시까지 모아둔 자산만 믿고 덜컥 육아휴직이 아닌 퇴직을 결정했다면, 앞날이 정말 까마득했겠다는 생각이 들어 아찔할 정도였다.

그런데 '참 다행이다'라는 생각은 얼마 가지 못할 것이 분명했다. 언젠가는 회사에 복귀하게 될 거고, 또 언젠가는 육아휴직이 아닌 진짜 은퇴를 하게 될 거란 사실엔 변함이 없었다. 당시엔 정말 운 좋게도 부동산 시장 호황기에 투자한 덕분에 '아끼며 살면 문제가 없을 정도'의 경제적 자유를 달성한 상태였는데, 그럼에도 계속해서 성장해 가는 네 아이와 인플레이션으로 인해 사라져가는 자산을 지키려면 그대로 가만히 있을 수는 없는 노릇이었다.

수많은 고민과 연구 끝에 나는 회사라는 우산 없이도 비를 맞지 않는 방법을 찾아냈다. 그것은 경제와 금융에 대한 바른 이

해가 기반이 된 투자와 재테크를 통해 실현되었다.

그리고 현재 나는 2년간의 육아휴직을 종료하고 회사로 복귀한 상태다. 회사라는 조직에서 2년이라는 시간은 절대 짧지 않은 시간이기에, 그사이 나를 대하는 회사의 태도 역시 많이 바뀌었다. 나의 개인전용 주차공간이 사라져 외부 주차장에 자리를 따로 구해야 하고, 전철을 타고 출·퇴근해야 한다는 것만으로도 회사 내부에서 바뀐 나의 지위를 짐작할 수 있다.

그럼에도 현재 내 마음은 대단히 가볍다. 물리적으로 자유로웠던 시간이 종료되고, 다시 얼마간은 노예의 삶을 살아야겠지만, '정신적인 경제적 자유'를 달성했기 때문이다. 출근길에 승용차 대신 지옥철에 몸을 실어야 하지만, 마음만은 2년 전 그때와는 비교할 수 없을 정도로 산뜻하다. 육아휴직을 마치며 깨달은 건, 일단 '경제적 자유'를 달성했다면 '물리적 자유'가 수반되지 않아도 문제 될 게 없다는 것이다. 출근은 그야말로 필수가 아닌 선택의 영역에 놓이게 되는 것이다.

만약 당신이 경제와 금융을 바로 이해하고 투자를 통해 돈이

나를 대신해 일하는 메커니즘을 만들었다면, 그래서 이를 효율적으로 이용할 수 있게 되었다면, 이 말의 진정한 의미를 알 수 있을 것이다. 그리고 그때가 되면 직장에 다니든 자영업을 하든 상관없이 '경제적 자유'를 달성하기 위한 준비를 충분히 할 수 있다.

도대체 언제까지
절약해야 할까?

때때로 부자들은 그들의 부에 걸맞지 않은 검소함으로 세상의 존경과 조롱을 동시에 받는다. '부자는 가치가 오를 만한 자산에 돈을 투자하고, 가난한 사람은 사는 즉시 가치가 하락하는 물건에 돈을 쓴다'라는 말에서 알 수 있듯, 부자들은 투자에는 관대한 반면, 소비에는 매우 인색하다.

내가 네 명의 아이를 키우면서 세운 규칙이 하나 있다. 아이들은 1년에 딱 두 번만 원하는 장난감을 살 수 있다. 바로 생일과 크리스마스. 그들이 아빠로부터 공식적으로 장난감을 얻어

낼 수 있는 유일한 날이다. 그렇다고 해서 원하는 장난감을 무엇이든 살 수 있다는 의미는 결코 아니다. 2019년 현재 열한 살인 첫째 아들은 1만 2,000원, 여덟 살 둘째 딸애는 1만 원이 그 최고 한도액이다. 셋째와 넷째는 아직 너무 어려서 그나마도 패스다.

'돈이 돈을 벌어오는 노예'라고 교육받은 아이들은 자기들이 알아서 그 한도액을 채우지 않는다. 한도에 미달하는 장난감을 고를 경우 그 차액을 현금으로 지급하기 때문에 그들은 장난감과 현금 두 가지 모두를 얻겠다는 귀여운 전략을 세운 것이다. 아이가 7,000원짜리 장난감을 살 경우 한도액 1만 2,000원에서 남는 5,000원은 현금으로 챙기게 된다.

아이들이 애답지 않게 장난감의 가격을 살피면서, "이건 비싸서 못 사겠네" 같은 말을 하며 실망하는 모습을 보일 때마다, 아내는 아이들이 불쌍한지 나를 흘겨보곤 한다. 하지만 유일한 나의 관심사는 아이들이 결제하는 즉시 가치가 하락하는 장난감에 돈을 쓰는지, 가격이 적당한 장난감을 사고 그 차액을 노예로 부릴 수 있는 종잣돈으로 남기는지다. 그것이 아빠의 경제교육이 제대로 효과를 발휘하는지 볼 수 있는 길이기 때문이다.

그리고 나는 규칙 한 가지를 더 만들어 두었다. 아이들이 스스로 관리하는 자신의 통장에 있는 돈은 언제든 꺼내 마음대로 써도 된다는 것이다. 따라서 첫째 아들은 크리스마스 선물로 받는 1만 2,000원에 자신의 재산 70만 원을 더해 고가의 최신형 드론도 살 수 있다. 그래서 이렇게 말해 주곤 한다.

"넌 네가 원하는 것은 무엇이든 살 수 있어! 네 통장에는 70만 원이나 있잖아!"
"내 돈은 절대 쓰지 않을 거야!"

그런데도 아이들은 수많은 심부름과 노동의 대가로 얻은 피땀 어린 결과물을 고작 장난감에 소비하지 않는다. 그들은 통장 잔고를 그만큼 소중하게 여긴다. 노동으로 얻은 돈의 소중함과 그것을 가치 없는 소비와 맞바꾸는 것은 바보짓이라는 것, 이것이 내가 아이들에게 가르쳐주고 싶은 것이었다. 그럼에도 아내는 종종 불만 섞인 짜증을 내곤 한다.

"우리 애들이 언제까지 이런 싸구려 장난감에 만족해야 하는 거죠? 한 번쯤은 좋은 것을 사줘도 되는 것 아니에요?"

아내의 짜증 섞인 불만은 어쩌면 싸구려 장난감을 선택한 아이들 때문이 아니라, 자신 역시 싸구려 크리스마스 선물을 받게 될 것을 본능적으로 직감했기 때문일 수도 있다. 물론 나 역시 이 대목에 있어서만큼은 마음이 편치 않다. 경제적 자유를 얻기 위한 여정에서 겪게 되는 크나큰 딜레마 중 하나이기도 하다. 아끼고 절약한 돈을 노예로 만들어 경제적 자유를 실현하는 건 분명 나쁘지 않은 시나리오다. 하지만 시쳇말로 '죽을 때 돈을 싸갈 수도 없는 노릇인데, 도대체 언제까지 아끼고 절약만 해야 하는가?'라고 묻는다면 딱히 대답할 말이 없다. 나도 궁금하다.

세상에는 엄청난 재산을 소유하고 있음에도 여전히 아끼면서 검소하게 사는 부자가 있는가 하면, 가진 재력에 맞게 명품 브랜드의 옷과 고가 외제 차를 타면서 가진 것을 누리며 사는 부자도 있다. 부자들이 돈을 써줘야 평범한 사람도 수입을 얻을 수 있으니, 무조건 아끼고 절약만 하는 게 능사는 아닐 것이다. 그런데 꽤 오랜 시간 내게 고민을 안겼던 '절약의 기한'에 관한 딜레마는 한 가지 명확한 원칙을 도입하게 되면서 해결되었다.

"그런데 아빠는 왜 비싼 벤츠를 샀어?"

좋은 차를 타는 것은 비즈니스 파트너들로부터 신뢰를 얻어 낼 수 있는 좋은 무기 중 하나다. 이것이 내가 벤츠를 구입하기로 하면서 내놓은 허울 좋은 명분이었다. 즉 소비가 아닌 더 많은 수입을 얻기 위한 투자라고 내세웠던 것이다. 하지만 더 솔직해지자면, 이건 '마흔 살이 되기 전에 벤츠를 타자!'라는 나의 버킷리스트 중 하나를 실현하고, 그 성과를 남에게도 자랑하기 위한 허세였다는 걸 부정할 수 없다. 심지어 이는 완벽한 경제적 자유를 달성하기도 전인, 노예 시절에 저지른 짓이기에 더욱 더 한심한 결정이었다고 할 수 있다.

그렇지만 이러한 불편한 진실을 경제와 금융 지식을 전수하고 있는 스승의 위치에서 수제자인 아들 녀석에게 액면 그대로 밝힐 수는 없었다. 훌륭한 아버지로 기억되기 위해서는 때때로 그럴듯한 명분을 만들어낼 줄도 알아야 한다.

"아빠의 벤츠는 사실 아빠가 산 게 아니야."

나의 뜬금없는 고백에 아들 녀석이 놀란 눈으로 되물었다.

"그럼 누가 산 건데? 엄마가 산 거야?"
"아빠의 노예들이 사준 거야."

나는 태연한 표정으로 뻔뻔한 거짓말을 계속 이어갔다.

"아빠가 힘들게 일해서 번 돈을 저 비싼 벤츠를 사는 데 썼을
것 같아?"
"아니지! 노예들에게 일을 시켜서 돈을 벌어야지. 노예들을
팔아서 물건 같은 걸 사면 안 되잖아!"

아들 녀석의 기특한 대답에 저절로 미소가 새어 나왔다.

"그래 맞아! 벤츠는 바로 아빠의 노예들이 벌어다 준 돈으로
산 거야. 네가 누군가의 노예로 일해서 번 돈은 최대한 쓰지 않
고 모아야 하지만, 노예들이 너를 대신해 벌어온 돈으로는 네가

원하는 그 무엇이든 사도 괜찮은 거야. 너도 나중에 비싸고 좋은 장난감을 사고 싶다면 네가 직접 일해서 번 돈이 아닌 노예들이 번 돈으로 사면 돼!"

누군가를 가르치기 위해서는 나 또한 공부해야 한다. 또 무언가를 가르치다 보면 나 또한 배우게 될 때가 많다. 나는 그제야 작은 깨달음을 얻을 수 있었다. '절약의 기한'은 경제적 자유를 얻을 때까지이며, '사치의 허용'은 노예가 일한 대가로 얻은 돈에 한해서만 가능하다는 것을 말이다.

나는 이제 막 18년간의 노예생활에서 해방되어 가까스로 경제적 자유를 얻긴 했지만, 완벽하게 부자의 반열에 올랐다고 볼 수는 없다. 따라서 노동의 대가가 아닌 돈, 즉 나를 대신한 노예들이 벌어다 주는 돈이 값비싼 옷과 물건을 마음대로 사도 될 만큼 풍족하지 않다. 하지만 지금보다 더 많은 노예를 거느리게 되고 그에 따라 그들이 벌어다 주는 돈이 더욱더 많아진다면, 기꺼이 가난한 사람들을 위해서 비싼 물건도 아낌없이 소비해 주겠다고 다짐했다.

"도대체 언제까지 이렇게 아끼고 절약만 하라는 거예요?"

아내의 짜증 섞인 질문에 나는 다음처럼 대답했다.

"당신은 명품 가방과 명품 옷, 당신이 원하는 그 무엇이든 살 수 있어. 단 하나의 원칙만 지키면 돼! 우리가 직접 번 돈으로는 그렇게 할 수 없다는 거야. 하지만 우리의 노예가 가져다준 돈으로는 그 무엇이든 사도 돼!"

작은 희망이 생겼는지 아내의 입가에 흐뭇한 미소가 배어 나왔다.

부자가 되는 한 가지 방법이 있다.
내일 할 일을 오늘 하고 오늘 먹을 것을 내일 먹는 것이다.
– 탈무드

66

소비의 다운사이징은
재산의 업사이징

99

맷 데이먼^{Matt Damon} 주연의 영화 〈다운사이징^{Downsizing}〉은 평생을 같은 집에 살면서 10년째 같은 식당에서 저녁을 때우며 평범한 삶을 살아가던 주인공이 몸을 2,744분의 1로 줄이는 수술을 받으면서 일어나는 이야기를 다룬다.

영화 속에서 많은 사람이 몸을 작게 줄이는 '다운사이징' 수술을 받는 건, 몸이 작아지면 마치 로또에 당첨된 것처럼 현재의 자산 1억 원이 120억 원이 되는 효과를 얻을 수 있기 때문이다. 그도 그럴 것이, 몸이 그렇게나 작아지면 단 1평 정도의 땅이라고 해도 저택을 짓고도 남을 만한 크기가 될 것이며, 쌀 20kg도 온 가족이 평생을 먹고도 남을 어마어마한 양이 될 수 있기 때문이다. 즉 생활비가 줄어들면서 같은 자산으로 더 큰 자산 가치를 누리게 되는 효과가 생기는 것이다.

경제적 자유의 시작이 직접적인 노동을 하지 않아도 자본소득 같은 비활동 소득으로 생활비를 충당할 수 있는 것이라고 한다면, 〈다운사이징〉의 영화 속 설정이 시사하는 바는 아주 크다. 경제적 자유를 위해서는 비활동 소득을 늘리는 것도 중요하지만 의식주를 비롯한 생활비 자체를 줄이는 노력이 대단히 중요하다는 것.

나의 부모님이 애청하시는 〈나는 자연인이다〉라는 프로그램에서는, 속세를 떠나 자연에서 일종의 경제적 자유를 찾은 사람들을 만나볼 수 있다. 그들은 노예로 분류되는 월급쟁이도 아니며 자영업자도 아니다. 경제적 활동을 전혀 하지 않는 그들이 자유롭게 살아갈 수 있는 건, 생활비가 제로에 가깝기 때문이다. 사실 엄청난 노력을 통해 비활동 소득을 만들어낸다고 해도 소비가 그 소득 규모를 넘어선다면, 결국 경제적 자유를 얻지 못한다. 따라서 소비를 최소화하는 것이 더욱 많은 투자 자본을 만들어내는 행동임은 물론, 동시에 경제적 자유를 달성하기 위한 목표 지점을 낮추는 역할도 한다는 걸 기억해야 한다.

비활동 소득을 늘리는 일도 쉽지 않지만, 소비를 줄이고 절약하는 습관을 갖는 것 역시 쉬운 일이 아니다. 이미 현재의 소비 패턴이 습관으로 자리 잡았기 때문이다. 매일 스타벅스 커피를 석 잔 이상 마시며 행복해하던 사람이 경제적 자유를 얻기 위해 커피를 한 잔도 마시지 못하게 된다면, 그에게 경제적 자유란 불행과 같은 일이 된다. 어쩌면 그는 그냥 노예로 살면서 커피를 마시는 삶에 더 큰 행복을 느낄 수도 있을 것이다.

효율적인 생산에 기술과 정보가 필요하듯, 효율적인 소비에도 마찬가지다. 똑같은 냉장고가 인터넷 쇼핑몰과 백화점에서 다른 가격에 팔리고 있다는 것을 알아야 하며, 대형마트의 휴점일 전날 저녁에는 신선 식품을 할인해 판매한다는 것도 알아야 한다. 이 같은 절약으로 남긴 돈을 투자 자본으로 사용한다면 이는 다시 더 큰 수익으로 되돌아올 것이다. 매월 1만 원을 아끼는 건 어렵지 않지만, 매월 1만 원의 자본소득을 만들어내려면 연 이자율 2%의 정기예금을 기준으로 700만 원이 필요하다는 사실을 기억하라.

다운사이징을 통해 부자가 되는 방법이 비단 영화 속에서나 가능한 것은 아니다.

66
비합리적인
가격 결정 현상
99

대부분의 상품은 포장을 벗겨내는 순간 곧바로 중고가 된다. 자동차의 경우 공장에서 출고가 되어 단 몇 미터만 움직여도 중고차다. 제품마다 차이가 있긴 하지만 대부분의 신제품은 중고가 되는 순간 가격이 급격하게 하락한다. 이는 전혀 합리적인 경제 현상이 아니다. 정상적인 계산대로라면, 포장지가 사라진 새 제품의 가치는 처음 산 가격에서 포장지의 가격만 빼야 하기 때문이다. 그런데 이 같은 비합리적인 가격 결정 현상은 소비의 다운사이징, 즉 절약을 위한 좋은 기회가 된다.

나에게 경제적 자유를 안겨준 일등 공신은 '책'이다. 세상의 수많은 부자가 말하기를 좋아하는 것인지, 아니면 자랑하는 것을 즐기는 것인지, 그들 모두는 자신의 경험과 노하우를 책이라는 매체를 통해 아낌없이 전한다. 점심 한 끼를 함께하는 데도 30억 원이 넘는 비용을 내야 하는 투자의 귀재 워런 버핏Warren Buffett의 투자 노하우도 1만 원 안팎의 책을 통해 전수받을 수 있다. 심지어 그 책을 중고서점에서 구입한다면 비용도 절반으로 줄어들 것이다.

　사실 책은 처음부터 포장지도 없다. 그리고 중고서점에서 팔릴 수준이 되려면 거의 새 책과 다름없을 정도로 깨끗한 상태여야 한다. 물론 이제 막 출간된 도서라면 중고책이 없으니 해당하지 않겠지만, 책이라는 상품의 가치가 물리적인 종이의 재질이나 상태를 의미하는 게 아니라는 걸 고려하면, 새 책과 중고책의 가격 차이를 합리적으로 계산해내기란 쉽지 않다.

　'아름다운 가게'에서는 절대 옷을 사 입지 않는 사람도 TV 속 연예인이 구제 숍에서 산 빈티지 룩은 따라 사고 싶어 한다. 이것이 바로 신제품만 선호하는 이들의 이중성이다. 중고 제품의 가치를 이해하지 못하는 사람의 소비 습관이 좋을 가능성은 매우 희박하다. 그리고 이들이 구매한 물건을 소중하게 다룰 가능성 또한 작기는 마찬가지다. 그런데 이 같은 비합리적인 가격 결정 현상 덕분에 중고 상품은 실제 가치보다 평가 절하되어 있을 가능성이 매우 크다. 10년을 사용할 수 있는 300만 원짜리 새 냉장고는 감가상각 기준으로, 월 2만 5,000원의 비용이 소요되지만, 중고로 구입한 30만 원짜리 중고 냉장고는 월 2,500원의 비용이면 충분하다. 중고 냉장고는 5년만 사용할 수 있는 것 아니냐고? 그래, 맞다. 인정한다. 하지만 그렇다고 해도 비용은 5,000원이면 된다. 소비의 다운사이징이 새 냉장고 대신 중고 냉장고를 구입하는 것만으로도 가능한 것이다.

대기업에 들어가 고액연봉을 받는 것도, 투자를 통해 큰돈을 버는 것도 내 마음대로 되는 건 아니다. 하지만 소비는 내 마음대로 결정할 수 있는 유일한 경제 영역에 있다고 할 수 있다. 지금까지 모아둔 1억 원은 10년 후에 1억 5,000만 원이 될 수도, 2억 원이 될 수도 있는 잠재 가치를 지니고 있지만, 10년 후의 1억 원은 그냥 1억 원일 뿐이다. 돈의 잠재가치를 높이기 위해서는 조금이라도 더 빨리 모아야 하며, 이를 위해 바로 지금 선택할 수 있는 유일한 것이, 바로 '합리적 소비'다.

합리적 소비는, 재화의 가격 결정 요인인 수요와 공급의 법칙을 잘 이해하고 활용하는 것에서부터 시작되어야 한다. 최신형 스마트폰이 출시되면, 바로 이전 모델의 스마트폰 가격이 하락한다. 많은 사람이 최신형 스마트폰을 원하기 때문이다. 최신형 스마트폰과 바로 이전 모델에는 기능적 차이가 분명 존재할 것이다. 그렇다고 그 기능적 차이와 가격 차이가 비례하는 건 아니다. 그러니 신제품과 중고 제품에 비합리적 가격 결정 현상이 발생하는 것이다.

가격 비교 사이트를 이용해 최저가를 검색하고, 소셜커머스를 활용해 외식하고, 해외 직구를 통해 가전제품을 저렴하게 구매하는 것 모두 합리적 소비 행위라고 할 수 있다. 지금 이야기하는 합리적 소비가 무조건 돈을 아끼고 싸구려 제품만 구입하는 게 아니란 이야기다. 시쳇말로 '가성비 갑'인 상품과 서비스를 소비해야 한다. 이는 '소비 습관'이라기보다 '소비 능력'에 가깝다. 돈을 잘 버는 능력을 갖춘 사람이 있는가 하면, 투자를 잘하는 능력을 갖춘 사람도 있다. 우리는 우선 '합리적인 소비 능력'을 갖춘 사람이 되어야 한다.

다행스러운 건, '소비 능력'을 갖추는 것이 다른 경제적 능력을 갖추는 것에 비해 그리 어려운 일이 아니라는 점이다. 앞서 설명했듯, 소비는 자신의 결정과 노력만으로도 충분히 향상시킬 수 있는 영역에 속하기 때문이다. 소비를 결정하기 전 '이것이 나에게 꼭 필요한 것인가?'를 고민하고, '그것을 좀 더 저렴하게 살 방법은 없을까?'를 생각해 보는 것만으로도 당신의 소비 능력은 크게 향상될 수 있다.

돈을 아끼고 절약하는 일이 누군가에겐 크나큰 스트레스 요인이 되기도 한다. 나의 아내는 화장실에 갔다가 깜박 잊고 조명을 끄지 않고 나온 아이들을 다그치곤 한다. 시도 때도 없이 잔소리하는 엄마나 그 잔소리에 투덜대며 발걸음을 돌려 불을 끄는 아이들이나 스트레스를 받는 건 똑같다. 그런데 경제적 관점에서 합리적으로 계산해 보면, 불을 꼭꼭 끄는 행위가 절약에 그리 큰 도움이 되지 않는다는 것을 알 수 있다.

우리 집 화장실의 조명은 소비전력 20W짜리 LED 조명이다.

이 조명의 사용에 따른 비용을 전기 요금으로 환산해 보면, 월 평균 1,200원 징도다. 이는 시간낭 약 1.7원 정도에 불과하다. 아내에게 계산 결과를 알려주고 난 후부터 잔소리가 급격히 줄었고 가정에 평화가 찾아왔다. 이 평화가 아내와 아이들에게 있어 1.7원 이상의 가치가 있음은 의심의 여지가 없다. 화장실 조명 사용으로 촉발된 아내와 아이들 사이의 절약 스트레스는 '무지'에서 비롯되었음이 분명했다. 절약에 기술과 정보가 필요한 이유다.

'작은 돈을 아껴야 큰돈도 아낄 수 있다'라는 말은 잠시 잊어도 좋다. 작은 돈을 아끼려다 발생하는 잦은 스트레스가 큰돈조차 아끼지 못하게 하는 상황을 만들 수도 있기 때문이다. 다만 반드시 돈을 써야 하는 상황에 직면했을 때만이라도, '어떻게 하면 보다 합리적으로 소비할 수 있을까?'를 한 번쯤 스스로 되물어보기 바란다.

2장
—
모아서 키우는
돈

경제적 자유

66

문맹보다
심각한 금맹

99

"아빠, 내 노예들은 일을 너무 안 하는 것 같아."

자신의 통장 잔고를 확인하던 아들 녀석이 한숨을 내쉬며 말했다. 아들의 전 재산인 70만 명의 노예들이 1년 동안 벌어들인 돈이 고작 500원 정도였으니 그렇게 생각할 만도 했다. 지금까지 열심히 일해서 자신을 대신해 일할 노예를 만들었는데, 정작 그 노예들이 벌어들이는 수입이 변변치 않다는 것에 실망이 큰 듯 보였다. 나는 아들의 통장이 정기예금 통장이 아닌 보통예금 통장이라는 사실을 발견하고는 차근차근 설명해 주었다.

"그건 네가 너의 노예들이 일하고 있는 은행과 약속을 하지 않아서야."

아들은 호기심 어린 눈으로 나를 바라보았다.

"내가 은행과 무슨 약속을 해야 하는 건데?"
"1년 동안 너의 노예들을 데려가지 않고 그 은행에서 계속 일을 시키겠다고 약속하면, 지금 네가 받은 이자보다 20배 정도는 더 줄걸?"

20배라는 말에 아들 녀석의 눈이 반짝였다. 수시 입·출금이 가능한 보통예금 통장의 연 이자율은 0.1%에 불과한데 1년 만기 정기예금의 연 이자율은 2% 정도니, 20배가 틀림없었다.

"나 그럼 은행이랑 약속할래! 그거 어떻게 하는 거야?"

은행의 대표적인 금융상품에는 예금과 적금이 있다. 이를 통틀어 저축이라고 한다. 일단 은행에 돈을 맡기면 이자가 발생한다는 사실쯤은 알고 있을 것이다. 하지만 예금과 적금을 어떤 방식으로 운용해야 하는지 잘 모르는 금맹(금융 문맹)자들이 생각보다 많은데, 나 또한 그런 이들 중 하나였다.

얼마 전, 아내가 의기양양한 표정으로 내게 문자 메시지 하나를 보여주었다. 1년 동안 기다려온 정기예금의 만기가 도래했다는 내용이었다. 아내는 오늘 점심은 자신이 사겠다며 함께 정기예금을 찾으러 가자고 했다. 나는 아내와 함께 은행에 가서 먼발치에서 아내가 창구에 앉아 은행원과 대화하는 것을 지켜보았다. 그런데 기대감으로 한껏 들떴던 아내의 표정이 어두워지기 시작했다. 아내가 내민 예금 만기 명세서를 보고서야 그 이유를 알 수 있었다.

아내는 연 이자율 1.5% 조건으로 300만 원을 1년 동안 은행에 맡겼는데, 명세서에는 '세전 이자 45,000원, 이자 과세 15.4% : 6,930원, 세후 수령 이자 38,070원'이라고 기재되어 있었다. 이자가 38만 원쯤은 붙었을 거라 기대했던 걸까? 38,000원이 적은 돈은 아니지만 1년간의 기다림을 고려할 때 그리 만족할 만한 수준은 아니었던 모양이다. 만약 아내의 약속대로 오늘 점심 식사비로 2만 원 정도를 소비한다면 1년 치 이자수익 중 절반 이상이 입속으로 사라져버릴 터였다.

아내가 실망스러운 표정을 감추지 못했다는 건, 그녀가 금융 지식에 있어 열한 살짜리 아들 녀석과 별반 다를 바 없는 수준임을 방증한다. 만약 정기예금에 대한 아주 기본적인 지식만 가지고 있었더라도, 자신이 1년 후에 얼마 정도의 이자를 수령할 수 있을지 미리 가늠해 봤을 것이다. 그런데 실망을 했다는 건 받을 수 있는 이자를 정확히 계산조차 해보지 않고 자신의 소중한 노예들을 1년 동안이나 방치했다는 걸 드러낸 것이다.

지금으로부터 1년 전, 아내는 그저 저축하는 행위 자체를 스스로 대견스러워하면서 일단 돈을 맡겨만 놓으면 1년 동안 은행이 알아서 이자를 잘 불려주리라 기대했을 것이다. 이자 소득에는 15.4%라는 어마어마한 세금이 기다리고 있다는 걸 미리 알았더라면, 또 제1금융권인 은행에 예금을 맡기는 것보다 지역 농협이나 저축은행 같은 제2금융권에 예금을 맡기는 게 더 많은 이자수익을 기대할 수 있다는 걸 알았더라면 같은 결정을 하지도, 실망할 일도 없었을 것이다. 그녀는 1년 전, 이름조차 들어본 적 없는 작은 규모의 저축은행보다는 어디에서나 발견할 수 있는 유명하고 좀처럼 망할 염려가 없는 큰 은행에 돈을 맡기는 것이 더 안전할 거라고 판단했을 것이 분명했다. 이처럼 대출 심사가 엄격한 제1금융권의 은행 대신 저축은행에서 대출을 받아 높은 금리의 이자를 내고, 굳이 버스나 지하철을 타고 멀리 가지 않아도 되는 집 앞 큰 은행에 예금하는 것이 금맹자들이 흔히 하는 실수들이다.

아내가 아무리 규모가 작고 보잘것없는 저축은행이라 할지라도 '예금자보호법'에 따라 5,000만 원까지는 보호가 되므로 큰 은행과 다름없이 안전하다는 것을 미리 알고 있었더라면, 백화점에서 쇼핑하듯 높은 금리의 정기예금 상품을 마음대로 고를 수도 있다는 사실을 알았더라면, 비과세 혜택을 받을 수 있는 은행이 있다는 것을 알고 있었더라면, 1년의 인내 끝에 실망할 일도 없었을 것이다.

나는 아들 녀석의 바람대로 그의 전 재산 70만 원을 1년 만기 정기예금 상품에 가입해 주기로 하고, 인터넷 뱅킹에 접속했다. 아들이 기대에 찬 눈빛으로 컴퓨터 모니터를 바라보았다. 하지만 예상치 못한 돌발상황이 발생했다. 인터넷 뱅킹 화면 위에 다음과 같은 문구가 고지되어 있었던 것이다.

'정기예금 상품은 100만 원 이상만 가입이 가능합니다.'

"70만 원은 안 받아준대!"

잔뜩 실망한 표정으로 아들이 내게 말했다.

"아빠, 나한테 뭐 시킬 일 없어?"

다 쓰고 남은 돈을 저축할 게 아니라
저축하고 남은 게 있으면 써라.
– 워런 버핏

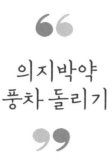

의지박약
풍차 돌리기

한때, '풍차 돌리기'라는 예·적금 운용방식이 유행했다. 당시 금맹자였던 내게 이 단어는 마치 무협 소설의 어마어마한 무공을 이르는 말처럼 들렸다. 특히나 그때는 마이너스 통장이 가지고 있는 통장의 전부였던 터라 매달 금리상품을 추가해가는 방식이 먼 나라 사람들의 이야기 같았다.

경제적 자유를 달성하겠다는 포부를 품고 뒤늦게 저축상품에 대해 알아보던 나는, 여태껏 예금과 적금의 차이조차 헷갈리고 있었다는 사실에 적지 않은 충격을 받았다. 저축은 예금과

적금으로 구분된다. 그리고 예금은 다시 보통예금과 정기예금으로 구분된다. 보통예금은 입·출금이 자유롭고 가입 대상이나 예치 금액, 예치 기간에 제약 없이 말 그대로 수시로 돈을 넣고 뺄 수 있는 아주 일반적인 통장을 말한다. 정기예금은 일정 금액의 돈을 정해진 예치 기간만큼 은행에 맡기고, 만기 후에 이자와 원금을 돌려받는 것이다. 또한 적금은 정기적금과 자유적금으로 나뉘는데, 정기적금은 정해진 기간에 일정액을 매월 적립하고 만기일에 약정 금액을 지급받는 형태로, 매월 10만 원씩 12개월, 매월 30만 원씩 24개월 등 월 납입 금액과 기간을 선택할 수 있다. 반면 자유적금은 정해진 기간에 일정 납입 금액을 정하지 않고 자유롭게 적립할 수 있다.

'풍차 돌리기' 방법은 두 가지다. 매월 정기적금 상품을 추가해가는 방식과 매월 새로운 정기예금 상품에 가입해 총 12개의 정기예금 통장을 만드는 방식이다. 두 가지 방식 중 전자의 방식이 정기적금의 금리가 정기예금보다 비교적 높다는 점에서 약간의 금리 혜택을 더 받을 수 있다는 장점이 있긴 하지만, 매월 불입해야 하는 금액이 커지므로 제대로 설계하지 못하면 갈수록 부담이 커진다는 게 단점이다. 또 후자의 방식은 매월 납입액이 증가하는 부담은 없지만, 금리 혜택이 전혀 없다는 것이 단점이다.

일단 정기예금은 대략 1년의 기다림이 필요하므로 적지 않은 인내심이 요구된다. 하지만 풍차 돌리기 방식으로 예금을 하면, 1월에 가입한 1년 만기 정기예금의 만기가 다음 해 1월에 돌아오고, 2월에 가입한 1년 만기 정기예금의 만기는 다음 해 2월에 돌아오는 식으로 1년 뒤부터 매월 만기 자금을 손에 쥘 수 있게 된다. 따라서 지루한 저축의 시간을 견디는 데 조금이나마 도움이 되고, 혹시라도 정기예금을 해지해야 하는 상황에서도 유연하게 대처할 수 있으니 좋다.

하지만 풍차 돌리기를 잘못 시도하면 오히려 실익이 줄어들 수 있다는 걸 기억하자. 만약 현재 1,200만 원의 여유자금이 있는데, 풍차 돌리기를 한답시고, 1월에 100만 원, 2월에 100만 원, 3월에 100만 원 같은 식으로 예금을 해나간다면, 마지막 12월까지 정기예금에 100만 원씩 납입하기 위해 무려 11개월 동안이나 0.1%의 보통예금 통장에 돈을 넣어두어야 하는 것이다. 이는 여유자금은 무조건 이자율이 높은 통장에 하루라도 빨리 넣어두는 것이 유리하다는 사실을 간과한 처사다.

목돈은 정기예금 상품으로 저축하고, 정기예금이나 투자를 위한 목돈 마련을 위해서는 정기적금이나 자유적금으로 저축하는 것이 유리하다는 '금융 상식'을 많은 사람이 잘 모르고 있는 것 같다. 현시점 정기예금 금리가 연 2.5%이고, 정기적금 금리는 연 3%라고 가정해 보자. 당신에게 1,200만 원의 여유자금이 있다면, 어떤 저축상품에 넣는 게 좋을까?

'당연히 이자율이 더 높은 연 3%의 정기적금에 가입해야지'라고 생각했다면, 당신은 금맹자임이 틀림없다. 대부분의 은행이 이런 식으로 대다수의 금맹자를 고객으로 낚는다. 시중 정기예금 금리가 2% 수준이라는 뉴스를 어렴풋이 들었다면, 은행 문 앞에 커다랗게 써놓은 '정기적금 특판! 연 3%!'라는 홍보 문구만 보고도 마법에 홀리듯 은행 안으로 걸어 들어갈지 모르겠다. 당신의 눈에는 예금이나 적금 같은 단어는 좀처럼 보이지 않고, 오로지 '연 3%'라는 숫자만 들어오는 것이다. 이럴 경우 상담창구의 은행원이 친절한 목소리로, 목돈은 적금이 아니라 예금에 넣어야 한다고 설명하면서 당신의 돈을 연 2%의 정기예금에 묶을 가능성이 크다.

　같은 은행을 기준으로, 적금은 일반적으로 예금보다 금리가 높을 수밖에 없다. 은행의 입장에서 볼 때 정기예금은 처음부터 비교적 큰 목돈이 들어오기에 이 원금 전체에 대한 이자를 지급해 주어야 하지만, 정기적금은 본디 푼돈을 목돈으로 만드는 상품이므로 이자율을 높게 책정하더라도 은행이 초기에 부담해야 하는 이자액은 크지 않기 때문이다. 예를 들어, 1,200만 원을 연이자율 10%의 1년 만기 정기예금으로 묶으면 만기 후 세전 이자가 120만 원이지만, 매월 100만 원씩 연 이자율 10%로 1년 동안 납입하는 형태의 정기적금으로 묶으면 만기 후 세전 이자는 정기예금의 절반 수준인 65만 원 정도가 된다. 정기적금의 이자율이 더 높다고 해도 그 차이는 크지 않다.

　정기적금의 경우, 첫 번째 달에는 100만 원에 대한 이자만 책정되고, 두 번째 달에는 추가 납입한 100만 원을 더한 200만 원에 대해서만 이자가 책정될 것이다. 결국 오롯이 1,200만 원에 대한 이자가 책정되는 달은 만기 직전의 마지막 달인 단 '한 달' 뿐이란 이야기다. 또한 '정기적금 금리 5%' 같은 고금리 홍보

상품에 낚여 복잡하게 계좌를 개설하고 나면 '월 납입 한도액 10만 원'이나 '급여 이체나 보험상품 가입 등의 우대조건 충족 시' 같은 추가 조건을 만나게 될 수도 있다.

　은행의 예금과 적금상품은 재테크의 가장 기초적인 수단이다. 생산요소 투입량의 증대가 생산비 절약 또는 수익 향상의 이익과 비례한다는 '규모의 경제' 측면에서도, 투자의 종잣돈이 되는 목돈을 마련하는 일이 매우 중요하기 때문이다. 하지만 저축상품의 특성을 잘 이해하지 못하면, 한정적인 자본으로 최대의 효과를 거두는 것이 어려울 것이다. 경제적 자유를 달성하는 일 역시 그만큼 멀어질 것이 분명하다.

저축의 한계,
투자의 신세계

돈을 노예로 삼아 일을 시켜야만 내가 노예로 살지 않을 수 있다는 사실을 깨닫고 난 뒤, 새로운 고민이 시작됐다. 나의 노동과 절약을 통해 모은 소중한 노예들에게 어떤 일을 시켜야 하는지였다.

"이번에 우리 노예들에게 1년 계약으로 정기예금 일 좀 시켜보려고 하는데, 괜찮은 일거리가 있을까요?"

은행원이 미소를 지으며 친절하게 대답했다. 내가 대출을 받으러 왔을 때 보이던 깐깐한 표정과는 분명 다른 모습이었다.

"노예를 몇 명 정도 보내주실 건가요?"
"지금 놀고 있는 여유 노예가 1억 명쯤 있습니다."
"연간 2% 정도의 수익을 드릴 수 있을 것 같습니다."

이는 내가 1억 명의 노예를 1년 동안 은행에 보내놓으면 그들이 약 170만 원 정도의 돈을 벌어다 준다는 이야기다. 그 1년 동안 그저 기다리기만 하면 내 노예들이 열심히 일해 내게 매달 14만 원 정도의 월급을 가져다줄 것이었다.

이제 계산기를 두드려볼 차례다. 내가 경제적으로 여유롭게 살기 위해서 매월 500만 원 정도가 필요하다고 가정하면, 앞으로 얼마나 많은 노예를 은행에 보내놓아야 하는 것일까? 이자 소득세를 제외하더라도 약 30억 명의 노예가 필요하다는 결과가 도출되었다. 경제적 자유를 달성하겠다는 목표와 가능성은 머나먼 안드로메다로 날아가고 있었다.

쥐꼬리만 한 월급을 쥐여줄 많지 않은 노예를 은행에 보내놓았다가는 경제적 자유는 불가능한 목표가 될 것이다. 스스로 노예가 되어 연봉 1억 원을 받아 연간 5,000만 원을 저축한다고 해도 30억 원의 현금을 만들어내는 데는 60년이 소요된다. 어쩌면 나의 아이들에게는 경제적 자유를 선물할 수 있을지 모르겠지만, 나는 평생 돈의 노예로 살아야 한다는 이야기다. 결론은 단순했다. 예금 같은 저축만으로는 경제적 자유에 이르는 것이 불가능하다.

은행에서 나온 나는, 내 노예들을 통해 좀 더 큰돈을 벌 방법이 없을지 고민했다. 내가 은행에서 1억 원을 빌릴 때는 매월 50만 원 정도를 이자로 내야 하는데, 은행에 내 돈 1억 원을 맡길 때는 매월 고작 14만 원 정도를 준다니, 억울하기 그지없는 일이었다. 내가 은행을 통해 매월 500만 원을 벌려면 30억 원이 필요한데, 은행은 그 절반도 되지 않는 10억 원을 빌려주고 매월 500만 원을 벌 수 있는 불평등한 구조였다.

"내가 은행이라면 좋겠다!"

무심코 내뱉은 탄식의 말에서 나는 문제해결의 작은 실마리를 찾을 수 있었다. 내 노예들을 은행에서 일하게 할 것이 아니라, 은행의 주인이 되게 하면 어떨까 하는 생각이 떠오른 것이다. 나는 곧바로 'OO은행' 주식에 대해 알아보았다. 다만 예금은 금리가 낮은 대신 원금을 손해볼 가능성은 제로에 가깝지만, 주식은 기대수익이 높은 대신 원금을 손해볼 가능성이 매우 컸다. 나의 소중한 노예들을 안전한 은행 같은 데서 일을 시켰으면 시켰지, 피 튀기는 전쟁터로 내몰아 전사시키고 싶지는 않았다. 그때, 주식 정보가 적힌 항목에서 '배당수익률'이라고 적힌 부분이 눈에 들어왔다.

'4.02%'

주식 배당은 주가와 관계없이 매년 지급되므로 해당 주식을 팔지만 않는다면, 이자처럼 고정적인 수익이 발생할 수 있다는 계산이 나왔다. OO은행에 정기예금을 하면 연간 2%의 이익을 얻는데, 같은 돈으로 OO은행의 주식을 사면 그 2배인 4%의 수익이 생기는 것이다. 이는 경제적 자유를 달성하는 데 필요한 목표 노예를 30억 원에서 그 절반인 15억 원으로 줄일 수 있는 비결이기도 했다. 추가로 주가 수익률이 연간 4% 이상만

된다면 15억 원은 다시 그 절반인 7억 5,000만 원으로 줄어들
것이었다.

　이와 같은 방식으로 더 높은 투자수익을 발생시킬 방법을 찾
아낼 수만 있다면, 경제적 자유를 얻는 데 필요한 시간도 더 줄
일 수 있겠다는 희망이 생겼다.

66

지금 당장
돈을 모아야 하는 이유

99

　돈이 필요한 사람이 가장 먼저 알아야 할 것은 무엇일까? 정답은 허무할 정도로 간단하다. 돈을 버는 방법이다. 돈을 벌려면 돈에 대해서 제대로 알아야 한다. '돈을 이해한다'라는 말을 좀 더 세련되게 표현하면 '자본주의를 이해한다'라는 말이 될 것이다. 자본주의 사회에서 숨 쉬며 생활하고 있으면서도 자본주의의 본질을 이해하지 못한다면, 특히 자본주의 먹이사슬의 포식자가 되지 못한다면 머잖아 어려움에 직면할 수밖에 없다.

　자본주의 사회에서 살아남으려면 어떻게 해야 할까? 이 역시 정답은 간단하다. 바로 자본가가 되는 것이다. 자본가란 돈을 가진 사람이다. "돈이 필요하다"고 말하는 사람에게 "그렇다면 돈이 필요합니다"라고 대답한다면, 언뜻 말장난처럼 느껴질 수 있다. 하지만 이것이 진실이고, 이게 자본주의의 본질이다. '돈을 그저 노동력의 산물'이라고 생각하는 편협함을 버리지 않는다면, 돈을 많이 벌 수 없다. 자본주의 시스템이라는 게 원래 그렇게 설계되어 있기 때문이다.

'나'라는 노동력을 제공할 수 있는 사람은 '나' 하나뿐인데, 이 노동력은 언젠가는 낡고 쓸모없어질 가능성이 매우 크다. 하지만 돈은 다르다. 돈은 언제든 또 다른 돈을 벌 준비가 되어 있으며, 지치지도 멈추지도 쓸모없어지지도 않는다.

그렇다면 돈을 벌어다 주는 돈이라는 건 어떤 돈을 말하는 걸까? 돈은 두 가지 형태로 존재한다. 하나는 소비를 위한 돈이고, 또 하나는 투자를 위한 돈이다. 소비를 위한 돈이 소비에 쓰이지 않고 남을 때, 투자를 위한 돈이 될 수 있다.

노동은 투자가 아니다. 절약도 투자가 아니다. 저축 또한 투자가 아니다. 노동과 절약 그리고 저축이 소비를 위한 돈을 투자로 전환하기 위해 매우 중요한 준비 과정에 있는 건 사실이지만, 투자가 아닌 것은 확실하다. 돈이 돈을 벌게 하는 것, 즉 투자야말로 자본주의 사회에서 자본가가 되는 유일한 방법이다.

지금 당장 돈을 모아야 한다. 그 이유는 여행을 가고 명품 가방을 사기 위해서가 아니라, 당신의 노동력의 한계가 드러나는 미래를 대비해 투자하기 위해서가 되어야 한다.

한 우물만 팔 때
생기는 일

미래의 삶을 경제적으로 더욱 풍족하게 만들 다른 방법은 없는 것일까? 나는 은행원에게 자문해 보기로 했다. 그는 내게 '연금보험'이라는 상품을 소개해 주었다. 예금이란 방식을 통해 돈으로 돈을 벌 때, '15.4%'라는 이자 소득세를 내는 건 내 살을 깎아내는 것처럼 아까웠는데, 연금보험 상품은 기특하게도 '비과세'라고 했다. 쉽게 말해, 이자 소득세를 내지 않아도 되는 것이다. 게다가 이자율 또한 정기예금보다 높다는 것이 빼놓을 수 없는 장점이었다.

최소 10년 이상을 나의 소중한 노예들과 떨어져 있어야 한다는 조건이 살짝 마음에 걸리긴 했지만, 어느새 나는 비과세 혜택을 받을 수 있는 최대치인 월 190만 원씩을 납입하는 연금보험 상품에 가입하는 서류에 서명하고 있었다. 연금보험 상품에 가입한 덕분에 사은품으로 치약과 쌀까지 챙길 수 있었다.

　그런데 은행을 나온 직후부터, 흡사 화장실에서 용변을 보고 뒤처리를 깨끗이 하지 못하고 나온 것처럼 뭔가 찝찝하고 싸한 느낌이 들었다. 그래서 '연금보험'이라는 생소하기 그지없는 녀석에 대해 뒷조사를 해보기로 했다. 정기예금보다 높은 금리에 비과세 혜택까지 제공하는 등 뭐 하나 부족할 게 없어 보이는 녀석에 대해 자세히 알아볼수록, 나의 장밋빛 미래는 회색빛으로 변해가기 시작했다. 또 한 번 금맹자로서 반성할 수밖에 없었다. 물가상승으로 인한 화폐가치 하락을 계산에서 빠뜨렸다는 걸 뒤늦게 깨닫게 된 것이다.

　일반적인 연간 물가상승률 2%만 적용해도, 현재의 1억 원은 연금을 수령하게 되는 20년 후엔 그 가치가 33% 정도 하락해 약 6,700만 원 수준의 가치로 변한다. 물론 일할 때 얻는 수익 중 일부를 모아둔 뒤 일할 수 없게 될 때 찾아 쓰겠다는 연금보험 본연의 목적에 만족할 수만 있다면 그리 나쁠 게 없는 상품이다. 하지만 33%라는 원금 손실은 묵과할 수 없는 수준이 아닌가? 나는 즉각 연금보험 상품을 해지했고, 사은품으로 받은 치약으로 이를 닦으며 저축의 한계에 대해 깊은 성찰의 시간을 가져야만 했다.

물가상승으로 인한 화폐가치 하락은 연간 이자율 2%의 수익을 내 돈에 더하는 게 아닌, 빼는 일로 만든다. 통장에서 내 돈이 썩게 되는 것이다. 내 돈을 지키는 데 은행이 더는 안전한 곳이 아니라는 사실이 밝혀진 이상, 나는 나의 노예들이 안전하게 머물며 일할 수 있는 곳을 찾아야 했다. 그것이 당장 해야 하는 시급한 일이 된 것이다.

그러던 중 예전 회사에서 함께 월급쟁이로 일했던 동료를 몇 년 만에 다시 만나게 됐다. 10년 전 창업을 하며 회사를 퇴직했던 그는 10명이 넘는 직원을 거느린 사장이 되어 있었다. 그는 사업가가 된 자신의 성공을 자랑이라도 하듯, 한우가 듬뿍 들어간 12,000원짜리 안동 국시를 점심 식사로 대접해 주었다. 며

칠 전 재래시장 한편에 위치한 동네 쌀국숫집에서 3,500원짜리 쌀국수 네 그릇으로 아버지와 어머니, 아내와 아이들까지 총 7명이 배불리 먹고 난 뒤 내가 결제한 금액이 14,000원이었던 걸 고려하면, 꽤 호사스러운 점심이 아닐 수 없었다. 식사를 마친 후, 우리는 차를 마시며 이런저런 이야기를 나눴다. 나는 그가 사업에 성공한 만큼 재테크에 관해서도 특별한 노하우가 있을 거로 생각해 한 수 배워야겠다고 생각했다. 현재 서초동에 살고 있다는 그의 이야기에 그가 이룬 부가 어느 정도일지 대충 가늠하면서 물었다.

"서초동이요? 거기 이번에 많이 올랐죠? 좋으시겠어요!"

하지만 부러움과 존경의 마음도 잠시, 그는 긴 한숨과 함께 푸념 섞인 한마디를 내뱉었다.

"월세로 사는데, 좋을 게 뭐가 있겠어요."

나와 함께 노예생활을 하던 10년 전, 그는 서울 외곽의 한 아파트 청약에 당첨됐다. 비로소 내 집을 마련했다며 기뻐하던 그의 모습이 떠올랐다. 그럼 그 아파트에 임차인을 구하고 나온 걸까? 물론 자신의 아파트를 다른 사람에게 임대해 월세를 받으며 더 좋은 지역에 월세로 거주한다면, 투자의 관점에서 볼 때 나쁘지 않은 전략이다. 예를 들어, 내 소유의 5억 원짜리 아파트를 임대해 월 200만 원의 월세 수익을 만들어내고 자신은 월세 100만 원짜리 오피스텔에 거주한다면, 결국 매월 100만 원의 이익이 생기는 것이다.

"그럼 예전에 샀던 그 아파트는 임대하고 있나 보네요?"

내 질문에 그의 낯빛이 더욱더 어두워졌다.

"말도 마세요. 그것 때문에 아내와 엄청나게 싸웠어요. 임대했죠, 3년 전까지는. 그런데 결국 팔아버렸어요. 그것도 집값이 많이 오르기 바로 직전에 말이에요."

이야기는 이랬다. 자녀교육에 대한 열정이 남달랐던 그의 아내가 아이를 서초동에 있는 명문 사립초등학교에 보내기 위해 이사하기를 원했다고 한다. 이때 소유하고 있던 아파트를 팔고 새로운 아파트를 사는 대신 비교적 안정적인 월세 거주를 택한 것이다. 여기까지만 해도 그리 나쁘지 않은 시나리오다. 경제적 관점에서, 원래 살던 아파트보다 훨씬 비싼 아파트를 무리해서 매입하는 게 반드시 현명한 방법은 아니기 때문이다. 하지만 서초동 아파트의 비싼 임대료와 아이의 사교육비를 충당하기 위해 예전에 소유한 아파트를 매각하면서, 문제가 발생했다.

아파트를 매입하고 6년이 지날 때까지 좀처럼 가격이 오르지 않던 그 아파트가 매도한 직후인 3년 전부터 가격이 오르기 시작해, 현시점에는 아파트 가격이 원래의 2배가 되었다는 것이다. 엎친 데 덮친 격으로 지금 월세로 거주하는 아파트 역시 가격이 폭등해 월세를 더 올려주어야 할 형편이라고 했다. '맹모삼천지교'의 마음으로 아파트를 매도한 결정이 나중에 더 좋은 결과로 이어질 가능성이 없는 건 아니지만, 적어도 지금의 경제적 평가로는 낙제점에 가까운 성적표를 거둔 셈이었다.

"안타깝네요. 그럼 지금은 어떻게 재테크를 하고 있어요?"

그는 재테크 따위엔 관심이 없다는 듯, 무심하게 대답했다.

"그런 건 잘 몰라요. 사업 때문에 바빠서 신경 쓸 겨를이 없죠. 그리고 와이프가 다 알아서 하니까. 연금보험인가? 그런 거 많이 가입해놓았던데요."

나는 적지 않은 충격을 받았다. 마침 그를 만난 날이 내가 연금보험의 위험성을 깨닫고 계약을 해지한 바로 그다음 날이었기 때문이다. "연금보험으로 '욜로'하려다 '골로' 갈 수 있다"라던 어느 재테크 관련 유튜브 영상의 타이틀이 머릿속에 맴돌았다. '계란을 한 바구니에 담지 말라' 같은 포트폴리오 투자 전략은 차치하더라도, 바쁘고 귀찮다는 이유로 자산 관리에 관심을 꺼버린 건 걱정스러운 일이었다.

앞에서 밝혔듯, 나는 여전히 월급쟁이의 신분을 유지하면서 사업과 투자를 병행하고 있다. 포트폴리오 투자 전략이 꼭 부동산과 주식 투자를 함께해야 한다거나 가치주와 성장주 혹은 서로 다른 업종의 주식 종목에 투자해야 한다는 의미만 있는 건 아니다. 직장에 다니거나 자영업을 하면서 투자를 겸하든, 사업과 투자를 병행하든 '수입원을 다각화'하는 것 역시 포트폴리오 투자 전략의 효과를 거둘 수 있는 방법이다.

생각해 보라. 만약 당신이 여러 개의 수도꼭지를 가지고 있다면, 예상치 못한 일로 수도꼭지 하나가 고장이 나더라도 남은 다른 수도꼭지를 통해 물을 공급받을 수 있지 않겠는가?

한 우물을 파면, 결국 하나의 우물만 갖게 될 것이다.

잠자는 동안에도 돈이 들어오는 방법을 찾아내지 못한다면,
당신은 죽을 때까지 일해야만 할 것이다.
- 워런 버핏

어렵게 벌거나, 쉽게 벌거나

매월 내게는 여러 수도꼭지를 통해 물이 흘러들어온다. 소유한 건물 1층 커피숍에서 300만 원, 2층 미용실에서 200만 원, 3층과 4층의 치과에서 300만 원. 내가 한 유일한 일이라고는 건물 임대차 계약서에 서명한 것밖에 없는데 말이다.

내가 처음 이 건물을 만났을 때, 녀석의 몸값은 10억 원이었다. 나는 나의 노예 3억 명과 은행에서 지원받은 노예 7억 명으로 녀석을 내 것으로 만드는 데 성공했다. 7억 원을 대출받은 대가로 은행에 매월 300만 원을 지출해야 했지만, 당시 총 월 임대료 수익이 500만 원이었으니 결과적으로는 총 3억 원의 투자로 월 200만 원의 수익을 창출하게 된 것이었다.

그런데 녀석의 제대로 된 진가는 5년 뒤에 발휘되었다. 거래하던 은행의 지점장이 건물담보대출을 자기네 은행으로 옮겨주면 매월 300만 원씩 내던 대출이자를 250만 원으로 줄여주겠다는 제안을 해온 것이다. 임대료 또한 매년 올라서 이제는 총 800만 원이 되었으니, 결국 3억 원의 투자로 총 550만 원의 수익을 내게 된 셈이다.

그뿐만이 아니다. 대출을 갈아타기 위해 진행한 감정평가에서, 본래 10억 원이던 건물의 가치가 지금은 그 2배인 20억 원으로 올랐다는 것도 새롭게 알게 되었다. 이처럼 나의 3억 명의 충실한 노예들은 월 200만 원을 벌어들이다가 지난 5년 동안 스스로 경쟁력을 높여 월 550만 원을 벌게 되었고, 또 건물 가치의 상승으로 3억 명의 노예가 13억 명으로 늘어난 것이다.

대한민국의 많은 사람이 상상하는 이 꿈같은 이야기는, 사실 우리나라 부동산 투자 성공 사례 중 흔하디흔한 하나의 사례에 불과하다. 경제적 자유 달성은 바로 이러한 투자 행위로 가능해진다. 앞서 설명했듯, 월 500만 원의 수익을 위해서는 은행 정기예금으로는 30억 원이 필요하지만, 건물 부동산 투자로는 3억 원이면 가능하다.

나 역시 노예생활 청산의 일등 공신으로 단연 부동산 투자를 꼽는다. 지금으로부터 약 5년 전, 2억 2,000만 원의 은행 담보대출과 7,000만 원의 신용대출 그리고 1,000만 원의 카드론을 더해 매입한 3억 원짜리 아파트가 지금은 6억 원이 넘는 자산이 되었다. 내 돈은 전혀 들이지 않고 오로지 대출로만 투자한 것이니, 산술적으로만 보면 0원의 투자로 3억 원을 거둔 셈이라, 최초 투자액 대비 투자수익률은 계산하기조차 불가능하다. 그래도 굳이 계산한다면, 매월 은행이자로 100만 원 정도를 지출해 5년, 즉 60개월 동안 투입했으니, 결과적으로는 6,000만 원의 투자로 3억 원의 이익을 얻은 것이다. 이 3억 원이란 돈이 앞에서 소개했던 매월 500만 원 이상의 수입을 가져다주는 건물을 살 수 있는 돈이라는 점에서 볼 때, 투자의 위력이 어느 정도인지 충분히 느꼈으리라 본다.

부동산은 현금이 아닌 현물 자산이다. 따라서 물가상승에 따른 화폐가치 하락에 큰 영향을 받지 않는다. 상식적으로, 5,000원짜리 짜장면이 1만 원으로 오르는데, 20억 원짜리 건물이 계속 20억 원에 머물러 있을 순 없기 때문이다.

그러니 반드시 부동산 투자를 해야 한다는 이야기가 아니다. 그저 투자의 위력에 관해 설명하려는 것이다. 경제적 자유에 이르는 날을 하루라도 앞당기고 싶다면, 저축은 물론 투자도 해야 하고, 현금성 자산에 대한 투자뿐 아니라 현물 자산 투자에도 관심을 기울여야 한다. 또한 물가상승으로 인한 화폐가치 하락뿐 아니라, 디플레이션 같은 물가하락으로 인한 화폐가치 상승도 염두에 두어야 한다. 이럴 때는 부동산 같은 현물 자산은 수익성이 떨어지고 오히려 은행에 묶어둔 현금 자산이 효자 노릇을 하게 될 수 있기 때문이다.

저축은 투자를 위한 준비 과정에 불과하며, 경제적 자유를 만들어내는, 즉 돈을 버는 무기는 투자다. 하지만 대다수 사람의 머릿속에는 '저축은 안전하고 투자는 위험한 것'이라는 잘못된 데이터가 저장되어 있다. 인플레이션으로 인해 오히려 저축이 위험한 일이 될 수도 있고, 이 세상에는 안전하고 안정적인 투자 방식이 얼마든지 있는데 말이다.

심지어 '땀 흘린 노동의 대가로 얻지 않은 불로소득의 일종인 투자수익은 쉽게 번 만큼 쉽게 쓰게 된다'고 말하는 이도 있다. 이 말은 적어도 두 가지 관점에서 잘못된 이야기다. 먼저 '투자수익은 불로소득이다'라는 문장을 생각해 보자. 이는 투자에 쓰인 종잣돈의 원천이 노동을 통한 결과물이라는 점에서 문제가 있다. 투자를 통해 수익을 발생시키려면 투자를 위한 자본 마련이 선행되어야 하는데, 평범한 사람이 종잣돈을 마련하려면 월급쟁이든 자영업이든 관계없이 '노동'을 해야만 하는 것이다. 그러니 투자수익은 '노동과 투자 리스크의 결합이 가져다준 산물'이라 할 수 있다.

'투자수익은 쉽게 번 만큼 쉽게 쓰게 된다'라는 말도 생각해 봐야 한다. 일단 어렵게 번 돈과 쉽게 번 돈에 따로 이름표를 붙이지 않는다는 것만으로도 반박할 수 있다. 또 투자로 수익을 만들어내는 일이 결코 쉬운 건 아니라는 전제를 하지 않은 오류도 있다. 우리는 갑작스러운 주가상승으로 기대를 훨씬 뛰어넘는 수익을 낸 사람이 그 돈을 하룻밤 술값으로 쉽게 날려버렸단 이야기를 종종 접한다. 하지만 이를 엄밀히 따져보면, 문제는 '돈을 쉽게 번 것'에 있는 게 아니라, '돈을 쉽게 쓴 것'에 있다. 나는 단 몇 시간에 수백만 원을 쉽게 벌어본 적도 있고, 얼마 되지 않는 돈을 벌기 위해 온종일 땀을 뻘뻘 흘려본 적도 있다. 여기서 중요한 건, 이 두 가지 일이 하루 동안 동시에 벌어진 일이라는 점이다. 나는 쉽게 번 큰돈과 어렵게 번 작은 돈을 하나의 계좌에 넣었다. 내가 돈을 쓸 때마다 '이 돈은 그때 쉽게 번 그 돈이었지?'라고 생각하며 막 써댔을 거라고 생각하는가? 전혀 그렇지 않다. 이는 단지 생각과 의지의 문제일 뿐이다.

'신용카드가 있으면 돈을 헤프게 쓰게 되니, 체크카드를 사용해야 한다' 같은 이야기는 결국 '족쇄를 차고 있지 않으면 일이 손에 잡히지 않는다'고 푸념하는 노예나 할 소리다. 소비에 대한 태도, 저축에 관한 생각, 투자에 관한 고정관념을 바꾸는 것은 결국 자신의 선택과 의지에 달렸다.

66

위험천만
도박과 같은

99

세상의 부자들을 관찰하다 보면, 돈을 버는 방식도 참 각양각색이라는 것을 알 수 있다. 어떤 부자는 부동산 투자를 통해, 또 어떤 부자는 주식 투자를 통해, 또 어떤 부자는 사업을 통해 그들의 부를 일구어냈다. 여기서 우리는 돈은 무엇으로 버는가보다 어떻게 버느냐가 더 중요하다는 걸 알 수 있다.

내가 경제적 자유를 달성하기 위해 도전한 첫 번째 투자 수단은, '도박'이었다. 지금 말한 도박은 '도박과도 같은'이라는 은유적 표현이 아니라, 말 그대로 진짜 도박을 의미한다. 나는 도박이 적은 자본으로 큰 수익을 달성할 수 있는 효율적인 투자 방법이라고 생각했고, 그래서 카지노 게임, 좀 더 정확하게는 '블랙잭 게임'을 깊이 있게 연구했다. 다소 황당하게 들릴 수 있겠지만, 당시에 나는 '전업 갬블러가 되어야겠다고 생각하고 끊임없는 연구와 노력을 기울인 끝에 안정적인 수익을 창출할 수 있는 나름의 비결도 얻게 되었다. 심지어, 투자 수단으로서의 도박의 가치와 블랙잭 게임 전략을 다룬 《서바이벌 카지노》라는 전자책까지 출간했을 정도이니, 그 열정과 진지함이 어느 정도였는지 충분히 가늠할 수 있을 것이다.

하지만 이제는 그처럼 매력적인 투자 수단이라고 생각했던 도박을 더는 하지 않는다. 그 이유는 다름 아닌 '채산성' 때문이다. 즉 내가 투여하는 시간과 노력, 투자 리스크와 비용에 비해 그 수익이 그리 만족스럽지 않았던 것이다.

내가 고안한 블랙잭 게임의 주요 전략의 핵심은 '안정적인 형태의 소규모 베팅'이었다. 따라서 지루하기 그지없는 장시간의 게임 끝에 만질 수 있는 수익은 그 한계가 너무나 명확했다. 특히 합법적 도박이 가능한 국내 강원랜드는 게임 환경이 너무 열

악해 수익을 낼 수 없는 구조였고, 상대적으로 게임 환경이 좋은 필리핀 같은 곳은 항공료와 숙박비 때문에 이른바 수지가 맞지 않았다. 더 심각한 문제는, 도박을 하려면 나의 몸과 두뇌를 혹사시켜야 하는 노동이 병행되어야 한다는 점이었다.

도박으로 돈을 벌 수 있었던 건, 내가 그것을 오락의 수단으로 보지도, 운에 기댄 결과만을 바라지도 않았기 때문이다. 투자를 '도박과 같은 위험한 일'이라고 생각한다면, 그것을 도박처럼 하기 때문이다. "대형주는 등락폭이 작아서 재미가 없어"라고 말한다면, 주식거래를 오락으로 여긴다는 뜻이며, "재수 없게도, 내가 사면 가격이 내리고 내가 팔면 올라"라고 말한다면, 투자의 결과를 운에 맡기고 있다는 의미로 해석할 수 있다. 최근에, 주식에 투자했다는 한 후배에게 내가 물었다.

"그 종목 PER이 얼마 정도 되는데?"
"글쎄요. PER 같은 것은 잘 모르지만, 믿을 만한 친구에게 추천받은 고급 정보니까 문제없을 거예요."

후배의 대답은 마치 아파트를 한 채 샀는데 그 아파트가 어디에 있는지, 몇 평짜리인지, 몇 층인지, 방은 몇 개인지, 화장실은 몇 개인지, 수도와 전기는 잘 공급되는지, 보일러는 개별난방인지 중앙난방인지, 베란다는 남향인지 북향인지, 지하철역과 가까운지 먼지 등 집을 살 때 확인해 봐야 하는 아주 기본적이고 당연한 것조차 체크하지 않았다는 말과 같았다.

만약 당신이 지금 주식 투자를 하고 있는데, 그 종목의 PER, PBR, PCR, PSR, ROE, ROA, 예상 배당수익률, 최근 결산일의 매출 및 영업이익, 부채 비율 등의 사항을 확인해 보지 않았거나, 심지어 이 용어들이 무엇을 의미하는지조차 모르고 있다면, 주식에 투자한 것이 아니라 주식으로 도박을 하는 것임이 틀림없다.

대다수 사람이 '저축은 원금이 보장되고, 투자는 원금 손실의 위험이 있다'고 생각한다. 하지만 이 단순한 생각이 '저축은 원금은 보장되지만 수익률이 낮고, 투자는 원금 손실의 위험은 있지만 수익률이 높다'라는 생각으로 확장되기 어려운 건, 투자의 개념을 제대로 이해하지 못하고 이를 도박처럼 생각하기 때문이다. 월스트리트의 살아 있는 전설로 불렸던 존 템플턴[John Templeton]의 《영혼이 있는 투자[Spiritual Investments]》'라는 책에는 이런 구절이 있다.

'아무런 실수도 저지르지 않는 유일한 방법은 아예 투자를 하지 않는 것이다. 그러나 이것이야말로 가장 큰 실수일 것이다.'

재테크에 관심을 갖는 사람은 적어도 재테크에 관심이 없는 사람보다는 훨씬 앞서 나가고 있는 사람이다. 최소한 자본주의 시스템을 이해했다는 것이고, 투자를 하지 않는 '가장 큰 실수'를 하지 않을 가능성 또한 크기 때문이다. 하지만 가장 큰 실수를 저지르지 않게 되었다고 해서, 또 다른 실수를 하지 않으리라는 보장은 없다. 그런데 바로 이 지점에서 수많은 사람이 실패를 통해 "역시 저축이 제일이었어"라는 말을 남기면서 또다시 가장 큰 실수를 저지르게 된다.

많은 사람이 투자의 세계에 발을 내디딘 후 실수를 저지르는 이유는 '무지해서'일 가능성이 크다. 수영을 하려면 수영을 배워야 하고, 영어를 하려면 영어 공부를 해야 한다. 그런데 신기하게도 투자를 하려는 사람들은 투자에 대해 제대로 공부하지 않고서 성공하기를 바란다. 수영을 배우지 않고 바로 물에 뛰어들면 물에 빠져 죽을 수 있는 것처럼, 투자를 공부하지 않고 투자에 뛰어들면 돈을 잃을 수 있다. 이 간단하고 명확한 원리를 왜 모르는 것일까? 이유는 의외로 간단하다. 투자가 공부한 뒤 시도해야 하는 일인지 몰랐던 것이다. 나 역시 그런 사람 중 하나였고 그래서 수많은 실패를 거듭했다.

그렇다면 투자는 어떻게 공부해야 할까?

놀랍게도, 이 세상에는 투자를 가르치는 사람과 그 방법이 차고도 넘친다. 수많은 책과 강연이 준비되어 있다. 나도 선배 투자가들의 조언이 가득 담긴 책을 통해 어떻게 돈이 돈을 벌게 만들 수 있는지를 깨달았다. 해답은 항상 거기에 그대로 있었지만, 발견하지 못하고 지나쳤을 뿐이다. 그렇게 배운 지혜를 바탕으로 도박과 투자를 모두 경험했던 내가 내린 결론은 단 하나였다.

투자처럼 하는 도박보다 더 위험한 것은 도박처럼 하는 투자, 즉 '투기'라는 것이다.

3장

알아야 지키는
돈

66

지식에도 가성비가 있다는 걸
그때 알았더라면

99

"이럴 줄 알았으면 중국어를 공부했어야 했는데······."

명동에서 여행 가이드로 일하는 친구 녀석이 하늘이 무너질 듯 한숨을 내쉬었다. 러시아어를 전공한 친구가 중국어를 공부했어야 했다고 후회하는 건, 한국에 여행을 오는 러시아인의 숫자와 중국인의 숫자만 비교해 봐도 그 이유를 쉽게 납득할 수 있다. 같은 외국어라도 어떤 나라의 언어를 공부하느냐에 따라 활용도와 그에 따른 수입에는 차이가 있을 수밖에 없는 것이다.

고3 학창 시절, 나는 이른바 '수포자(수학 포기자)'였다. 심지어 20문항 정도의 객관식으로 이루어진 수학 시험에서 마킹 실수나 채점 오류가 전혀 없었는데도 '0점'을 받는 진기록을 세운 적도 있다. 차라리 한 번호로만 쭉 찍었다면 확률상 25점은 맞을 수 있었을 텐데, 이를 고려하면 실로 대단한 기록이라 하지 않을 수 없다. 수학 시간만 되면 눈이 감기고 머리가 지끈지끈 아파졌던 나는, 수학이라는 것이 왜 내 인생의 앞길을 막고 있는지 도무지 이해할 수 없었다.

그러던 어느 날, 담임선생님으로부터 갑작스러운 호출을 받고 교무실에 갔다. 운 나쁘게도 당시 나의 담임선생님은 수학 선생님이었고, 그래서 나의 수학 시험 성적에 문제가 발생한 게 분명하다고 생각했다. 아니나 다를까 선생님은 성적표로 보이는 종이 한 장을 손에 들고 나를 빤히 쳐다보았다. '또 빵점인가?' 불안한 마음에 선생님의 표정을 힐끔 살폈다. 황당함과 놀라움이 교차한 상기된 얼굴의 선생님은, '이럴 리가 없어!' 하는 표정으로 연신 고개를 가로젓고 있었다.

"네가……, 이번 논술 모의고사에서 전국 1등을 했어!"

선생님이 내민 성적표를 받아 든 나는 선명하게 찍혀 있는 '전국 석차 1등'이라는 글자를 확인했다. 흔한 '전교 1등'이 아니라 그 어디에서도 보기 드문 '전국 1등' 말이다. 어렸을 적부터 글짓기에는 남다른 재능이 있었던 것 같긴 하다. 초등학교 저학년 시절 어머니가 잘못 주문한 고등학생용 문학 전집을 일주일도 안 돼 모두 읽어버린 후 반품한 일이 있을 만큼 나는 책을 좋아했고, 방학 숙제로 제출한 독후감으로 항상 우수상을 받았다. 수학은 아무리 공부해도 점수가 오르지 않고 이해도 되지 않지만, 국어 시간과 책 읽는 시간만큼은 항상 즐겁고 행복했다. 고등학교 때도 모의 수학능력시험을 볼 때면, 수리영역 점수는 잘해야 '30점' 언저리였지만, 언어영역에서는 몇 번을 제외하고는 항상 '만점'을 받았다. 언어영역 시험이 끝나고 나면 반에서 1, 2등을 다투는 모범생 친구 녀석들도 내 시험지를 가져가 자신의 답과 맞춰볼 정도였다.

도저히 한 사람의 것이라고는 보기 힘든 수학 빵점과 국어 만점의 성적을 가진 내가 '논술 전국 1등'이라는 결과를 얻었음에도, 당시의 대학들은 국어나 글짓기만 잘하는 사람을 별로 좋아하지 않는 것 같았다. 수학 빵점의 실력으로는 좋은 대학, 원하는 대학에 가는 것이 불가능했다. '논술 전국 1등'의 능력은 아무짝에도 쓸모가 없어 보였다.

하지만 사회에 나온 이후로는, 수학을 잘하는 능력과 국어를 잘하는 능력의 가치가 확연히 달라졌다. 물론 내가 물리학자나 공학자가 되었다면 상황이 달라졌을 수도 있겠지만, 적어도 내 경우에는 수학을 못한다는 것이 사회생활의 걸림돌이 된 적이 단 한 번도 없다. 반면 국어나 글짓기를 잘하는 능력은 사업보고서를 작성할 때나 프레젠테이션을 할 때 큰 도움이 됐다. 심지어 그 능력은 경제적인 이익까지 가져다주었는데, 내가 쓴 영화 시나리오가 영화사에 팔려 2~3년 치의 연봉을 한 번에 벌기도 했고, 출판된 여덟 권의 책들이 잊을 만하면 인세를 가져다주어 경제적 자유에 이르는 수입원 중 일부가 되었다.

세상의 지식과 배움은 모두 저마다의 가치가 있다. 그럼에도 그 가치의 활용도에 따라 돈이 되는 지식과 그렇지 않은 지식이 있다는 건 부인할 수 없는 진실이다. 현대사회에서 주판알을 잘 튕기는 것보다 계산기를 잘 다루는 것이 더 가치 있는 일이 된 것처럼 말이다. 중국어가 아닌 러시아어를 전공한 것을 후회하는 여행 가이드 친구 녀석과는 달리, 나는 수학 대신 국어를 잘하게 된 것을 늘 감사해하며 살고 있다. 단 하나 안타까운 점이 있다면, 수학에 적합하지 않은 나의 두뇌를 아들 녀석이 그대로 물려받았다는 것이다. 덕분에 아들은 학교에서 수학 성적이 좋지 않다는 이유로 열등생 취급을 받기 일쑤다. 대한민국 교육은 여전히 수학을 중요한 지식이라고 생각하고 있는 모양이다.

나는 아직 초등학생인 아들 녀석에게 과감히 수학을 포기하라고 말해 주었다. 수학을 포기함으로써 얻을 수 있는 수많은 시간과 노력을, 내가 이 세상을 살아가면서 더 중요하다고 생각하게 된 지식을 배우고 익히는 데 사용하는 것이 더욱 경제적이라고 생각하기 때문이다. 누군가는 지식을 얻는 데 있어 더 경제적이고 덜 경제적인 것이 있느냐고 묻고 싶을 수 있다. 그에 대해서는 나의 경험과 사실을 근거로 자신 있게 "그렇다!"라고 대답하겠다. 인간의 능력이라는 건 무한하지 않다. 따라서 잘할 수 없는 것은 일찌감치 포기하고, 대신 보다 중요하고 유익한 지식을 얻는 데 시간과 노력을 기울이는 것이 더 지혜롭고 효율적이라고 생각한다.

나는 실제 겪은 현대 자본주의 사회에서의 경험을 바탕으로, '그놈의 수학' 대신 인간의 삶에 있어 꼭 필요하다고 생각한 지식을 아들에게 가르쳐주기로 했다.

내가 어린 아들에게 추천한 가성비 최고의 지식은 바로 '경제와 금융'이다.

66
모든 것은 결국
돈 때문이었다
99

'수학은 왜 공부해야 하며, 왜 그토록 중요한 학문인 것일까?'

수학이 인생의 걸림돌이던 학창 시절에는 그 이유를 생각해 볼 겨를도 없이 그저 부모님과 선생님이 그렇다고 하니 그대로 따를 수밖에 없었다. 하지만 어른이 되고 나서 수학이 모든 사람에게 중요한 것은 아님을 깨닫게 되면서, 이 문제에 대해 심각하게 고민해 볼 필요성을 느꼈다. 그것이 나의 네 아이에게도 요구되는 세상의 규칙이기 때문이다.

수학이 모든 학문의 토대가 되는 중요한 학문이며 문명의 발전에 큰 공헌을 한 중요한 지식적 가치를 지니고 있음을 모조리 부정하려는 것은 아니다. 다만 수학을 잘하지 못해서 고통받고 있을 세상의 모든 수험생과 학생 들을 대신해, 한 번쯤은 '왜?'라는 질문을 던져보는 것도 나쁘지 않을 것 같다.

나는 왜 이 세상이 수학을 그토록 중요하게 생각하는지 따져보기로 했다. 먼저 수학이 다른 학문의 토대가 된다는 명제부터 살펴보았다. 이른바 '국·영·수'는 좋은 대학에 진학해 사회가 원하는 인재가 되는 기회를 얻는 데 중요한 학문이다. 좀 더 정확히 말하자면, 대학 입시에서 '배점'이 높은 과목이다. 하지만 수학이 국어와 영어의 학문적 토대가 아니라는 것은 별다른 가설이나 검증 없이도 누구나 납득할 수 있을 것이다. 수학이 그토록 좋아하는 산술적인 관점에서 보면, 중요한 3개의 과목 중 그 비중이 3분의 1에 지나지 않으며, 직·간접적인 연관성이 있는 교과 과정이라고 해 봤자 물리학이나 화학 정도. 그 외에 딱히 떠오르는 게 없다.

그런데도 사람들이 수학을 중시하는 이유를 경제적 관점에서 추론해 보니, 어느 정도 해답의 실마리가 보였다. 그것은 바로 수학과 관련된 교육의 경제적 가치다. 한번 정해진 규칙은 관성에 의해 눈덩이처럼 커지게 마련인데, 수학 교육과 관련된 시장 규모는 현재 거대한 눈덩이가 되었다. 수학을 가르치는 수많은 선생님과 학원 그리고 출판 교재 들은, 대학 입시에서 수학의 배점이 낮아지고 경제나 금융 같은 과목이 더 많은 배점을 차지하는 순간, 말 그대로 망하게 된다. 어찌 보면 기득권이라고도 볼 수 있는 수학 교육 관련 종사자들의 입장에서는, 사회적 요구로 인해 경제와 금융이 수학보다 더 중요한 지식 가치로 인정받는 순간 엄청난 경제적 타격을 입게 될 것이 분명하다.

여기에 약간의 궤변을 보태자면, '사실은 수학보다 더 중요한 것이 수학의 경제적 가치이므로, 사회는 경제나 금융보다 수학을 더 중요한 학문으로 여기는 것이다'라는 역설적이고도 합리적인 의심을 할 수 있는 것이다. 이를 좀 더 이해하기 쉬우면서도 극단적으로 풀어보자면, 나와 내 아들이 수학 때문에 스트레스를 받게 된 것은 모두 수학으로 돈을 버는 사람들 때문이란 결론에 이른다.

한 걸음 더 나아가, '우리 아이들이 왜 좋은 대학에 가야 하는가?'에 대해서도 생각해 봤다. 현대 자본주의 사회에서 대학에 진학하는 이유를 '학문적 성찰'이나 '자아실현'으로 포장하는 건 우스운 얘기가 된 지 오래다. 좋은 대학에 가야 하는 건 그것이 좋은 직장이나 좋은 직업을 얻기 위한 과정에 있기 때문이다. 그리고 이는 결국 좀 더 나은 경제적 가치를 추구하는 목적으로 귀결된다. 좀 더 쉽게 말하면, 남들보다 더 많은 돈을 벌기 위해 초·중·고 12년 동안 공부를 하고, 2차 함수와 씨름해야 하는 게 우리 아이들이 처한 현실인 셈이다.

만약 누군가가 "돈이 많아야 자유롭고 행복할 수 있다"라고 말한다면, 대다수의 사람이 너무 세속적이고 탐욕적인 생각이라며 겉과 속이 다른 말들로 그를 비난할 것이다. 하지만 나는 내 아이들에게만큼은 좀 더 솔직해지고 싶었다. 그리고 결국은 다다르게 될 목적지를 향해 걸을 때, 돌고 돌아가야 하는 샛길이 아닌, 가장 효율적이고 정확한 직선 길로 걸어갈 수 있게 해야겠다고 마음먹었다. 이는 좋은 대학이나 좋은 직장과 좋은 직업 같은 중간 목표가 아닌, '돈'이라는 직접적인 목표를 제시하는 일이었다.

세상의 불편한 진실 중 하나는, 돈이 없어서 할 수 없는 일은 너무나 많지만 돈이 있어도 할 수 없는 일은 그 수를 헤아릴 수 있을 정도로 적다는 것이다. '세상에 돈이 전부는 아니다'라는 말은, 세상에서 돈이 전부라고 생각하는 사람이 많기에 생긴 말이라고 할 수 있다. '세상에 소가 전부는 아니다'라는 말이나 '세상에 감자가 전부는 아니다'라는 말은 없지 않은가. 물론 세상에는 돈의 가치보다 자신이 원하는 삶, 남들을 위해 봉사하며 사는 삶을 더 고귀하고 유일한 가치로 생각하는 훌륭한 사람들이 많다. 하지만 돈 없이 남을 돕는 것과 많은 돈으로 남을 돕는 것은 그 실제적 도움의 크기에 있어 현실적으로 차이가 있을 수밖에 없다. 빌 게이츠나 워런 버핏이 기부한 재산으로 도움을 얻는 사람과 무료 배식 봉사를 하는 평범한 사람을 통해 도움을 받는 사람의 수가 다를 수밖에 없는 것처럼 말이다.

좋은 대학이나 좋은 직장이라는 중간 목표 없이 '돈'이라는 직접적인 목표가 생기자, 자녀교육에 관한 생각도 달라졌다. 이것이 바로 내가 우리 아이들에게 수학 교육 대신 경제와 금융 교육을 하기로 한 가장 큰 이유다. 돌아보니, 내가 돈을 간접적인 목표로 삼았던 시절에는 어떻게 하면 내 전문 분야에서 더 훌륭한 성과를 낼 수 있을지, 또 어떻게 하면 회사에서 더 인정받을 수 있을지만을 고민하고 그에 합당한 노력을 기울였던 것 같다. 이는 실질적인 연봉을 높일 수 있는, 즉 돈을 더 많이 벌기 위한 간접적인 행위였다고 할 수 있다. 저축이나 투자처럼 실제 돈을 더 많이 버는 데 필요한 직접적인 노력은 등한시하고, 먼 길을 돌아서 또 수박의 겉만 핥는 소극적이고 간접적인 노력만 하며 살았던 것이다.

배고픔을 해소하려면 먹어야 한다. 하지만 많은 사람이 먹는 행위를 세속적이고 탐욕적이라고 치부하면서 농사를 짓거나 낚시를 하거나 요리를 할 생각만 하고 있다면, 이는 현명한 처사가 아니다. 목적지에 이르는 과정 또한 중요하지만, 궁극적인 지향점을 망각한 과정은 목적지에서 멀어지게 만드는 결과를 초래할 수도 있다.

배가 고프면 먹어야 하고, 자유롭고 행복하게 살려면 돈이 필요하며, 돈을 얻으려면 돈에 관해 공부해야 한다.

가난한 아빠의
비겁한 변명

주식 투자 전도사로 알려진 메리츠 자산운용의 존 리[John Lee] 대표는 "자녀 사교육에 쓸 돈으로 주식을 사라"고 말한다. 그러면서 한국의 과도한 사교육이 한국의 경쟁력을 해치고 있다고도 주장한다.

2018년 교육부가 통계청과 함께 우리나라의 사교육비 실태를 조사해 발표한 결과에 따르면, 고등학생의 경우 1인당 평균 51만 5,000원이 사교육비로 지출되고 있다. 단, 이는 교재비와 방과 후 활동 참여비, 어학 연수비, 진로·진학·학습 상담비 등은 제외한 것이라고 하니 이를 모두 합친 경우 그 규모가 얼마나 클지 대충 가늠할 수 있을 것이다. 2018년 대한민국의 고등학생 수가 약 170만 명이라는 걸 고려하면, 고등학교 사교육비로만 연간 10조 원이 넘는 큰돈이 지출되고 있다. 이 돈이 만약 기업에 대한 투자금으로 쓰였다면 어땠을까 하는 것이 존 리 대표의 생각이다. 상황이 이렇다 보니, 자녀를 좋은 대학에 보내기 위해 쓰는 사교육비는 가계에도 부담이 되지만, 국가 경쟁력 제고에도 방해가 되는 일이라 할 수 있겠다.

돈을 많이 벌기 위해서는 좋은 직장이나 직업을 가져야 하고, 또 그러기 위해서는 좋은 대학을 나와야 하므로 사교육을 더 많이 해야 한다는 논리. 이러한 논리가 자녀의 경제적 자유를 위해서는 도움이 될지 몰라도 부모의 경제적 자유로부터 더욱 멀어지게 만든다는 것도 기억할 필요가 있다. 내 주변에도 자신의 수입 규모와 걸맞지 않을 정도로 과도한 사교육비를 지출하면서 자녀를 몰아붙이는 부모들이 많다. 그들은 '헬조선'이라고까지 불리는 지금의 대한민국에서는 공부를 잘해서 좋은 대학에 진학하고 좋은 직장을 얻는다고 해도 경제적 자유를 얻게 될 가능성이 매우 작다는 사실을 인정하려 하지 않는다.

학교에서 문과를 택하든 이과를 택하든, 좋은 대학을 졸업해서 직장을 구하든 그렇지 못하든, 결국에는 치킨집을 하게 된다는 '치킨집 수렴 공식'은 그 어렵다는 '미적분 공식'보다 더 무섭다. 고등학생들에게 좋은 대학에만 들어가면 모든 것이 해결된다고 하고, 대학생들에게는 좋은 직장에만 입사하면 모든 것이 해결된다고 하는 건 새빨간 거짓말이다.

나는 이러한 이유로 우리 아이에게만큼은 사교육을 시키지 않기로 마음먹었다. 얼마간 아내의 극심한 반대에 시달리기는 했지만, 꾸준한 설득을 통해 지금은 방과 후 활동조차 시키지 않고 있다. 그 어려운 조기 수학 포기도 시켰는데 그깟 사교육 정도를 포기하는 건 그리 어려운 일도 아니었다. 아이에게 물으니, 학원을 한 곳도 다니지 않는 아이는 자기가 반에서 유일하다고 했다.

나는 존 리 대표가 말한 것처럼, 자녀에게 들어가는 사교육비 수준의 돈을 아이들 명의의 예금 통장과 주식에 넣고 있다. 그리고 아이가 수학 공부를 하거나 사교육을 받을 시간에 돈과 경제 그리고 금융에 대해 가르치고 있다. 가끔 수학 시험을 망친 아이의 담임선생님으로부터 "아이에게 수학 공부를 좀 시켜주셔야겠어요"라는 말을 들을 때도 있다. 그때마다 "우리 아이의 부모는 돈이 많고, 아이도 앞으로 돈이 많을 가능성이 다른 아이들보다는 크니까 수학 공부 같은 건 안 해도 됩니다"라고 말하고 싶은 걸 꾹 참는다. 1년에 한 번 건물 관리를 위해 받아야하는 4시간짜리 소방교육에 참석해 지루하기 짝이 없는 강의를듣고 있을 때면 괴로웠던 학창 시절이 떠오른다. 그리고 이렇게힘든 일을 어떻게 그 어린 나이부터 10년을 넘게 했을까 하는생각도 든다.

미국 유명 토크쇼의 진행자인 코난 오브라이언Conan O'Brien이 2011년 다트머스 대학교 졸업식 때 한 연설은 지금까지도 명연설로 회자된다. 당시 그는 이렇게 말했다.

"오늘 여러분은 한 가지 중대한 성취를 이루셨습니다. 여러분 나이대의 미국인 중 92%에게 주어질 인생 단 하나의 성취입니다. 대학 졸업장! 맞습니다. 여러분은 대학 졸업장을 얻음으로써 구직시장에서 여러분 나이대의 미국인 전체 인구 8%보다압도적으로 유리한 위치에 서게 되었습니다. 그 8%에는 우리가 잘 아는 대학을 중퇴한 바보들도 끼어 있는데, 빌 게이츠, 스티브 잡스, 마크 저커버그가 바로 그들입니다."

이 말을 코미디언의 위트 있는 농담 정도로 받아들일 수도 있다. 하지만 그는 연설을 이어가면서 그것이 농담으로만 들리지 않을 정도로 좀 더 현실적인 조언을 붙였다.

"이 자리에 계신 학부모 여러분께 드릴 조언을 마련해 왔습니다. 지난 4년 동안 코빼기도 안 비치던 자녀들을 이제부터는 매일 보게 되실 겁니다. 그들은 지하 방에 있다가 나와서 '와이파이가 안 터져요!'라고 말할 겁니다. 만일 자녀분이 인문학이나 철학을 전공했다면 근심이 더 크실 겁니다. 자녀분의 졸업장으로 정당하게 취직하려면 고대 그리스로 가야 하기 때문입니다. 앞으로 반년 동안 자녀분이 벌어올 돈보다 졸업장에 액자를 씌우는 돈이 더 클 겁니다."

코난 오브라이언을 잘 모르는 이라면, 그의 말이 대학교 졸업장의 위대함을 모르는 한낱 코미디언의 농담일 뿐이라고 생각할 수 있다. 참고로, 코난 오브라이언은 하버드 대학 출신이다.

공부를 잘하면 성공이 보장되던 시절이 분명 있긴 했다. 하지만 지금은, 이른바 '금수저', '부자 아빠'라고 불리는 돈 많은 부모의 존재가 자녀의 성공을 보장하는 가장 확실한 길임을 부정할 수 없다. 성공의 기회가 어디에 있는지 이렇게 확실한데, 공부를 잘해도 성공의 가능성이 희박한 이 시대에 자녀에게 공부만을 강요하는 것은 가난한 아빠의 비겁한 변명이 아닐까?

사교육은 자녀를 힘들게 만들고, 불확실한 성공의 길로 들어서게 하는 일이다. 반면 사교육비를 아껴 저축하고 투자하는 일은 자녀를 편하게 만들 뿐만 아니라, 스스로 부자 아빠가 되는 길이기도 하다. 내가 이루지 못한 부는 자녀가 이루기엔 더욱 힘들다.

> 돈에 관해 자식을 교육하는 가장 쉬운 방법은
> 그 부모가 돈이 없는 것이다.
> – 캐서린 화이트혼Katharine Whitehorn, 영국의 저널리스트

66

화폐가 만들어진
진짜 이유

99

가상화폐 열풍이 대한민국을 흔들어대고 있을 때의 일이다. 며칠 만에 1,000만 원으로 1억 원을 만들었다는 후배의 소식이 들려왔고, 한 시사 고발 프로그램에는 가상화폐에 투자해 8만 원으로 300억 원을 만든 스물네 살 청년이 소개되기도 했다. 인터뷰를 하는 2시간 동안 자신의 자산이 30억 원 더 늘었다는 청년의 말에, 취재하던 담당 PD가 '멘탈 붕괴'의 지경에 이르기도 했다.

나에게도 솔깃할 수밖에 없는 이야기였는데, 가격 등락이 극심하고 쉬는 시간조차 없이 계속해서 움직이는 가상화폐 거래소를 보고는 투자 대상으로서의 매력이 떨어진다는 판단을 내렸다. 이는 수익의 관점이 아니라 자유의 관점 때문이었다. '가상화폐 투자는 도박이다'라는 말은 진짜 도박을 투자의 수단으로까지 생각했던 내게 투자 결정을 철회할 만큼의 위험으로 느껴지지 않았다. 하지만 단 몇 분 사이에도 엄청난 등락이 가능한 가상화폐를 장기적 관점에서 투자하기란 쉽지 않다. 따라서 24시간 쉼 없이 호가 창을 들여다보게 만드는 트레이딩 시스템은 자유가 아닌 올가미가 되기에 충분하다는 생각이 들었다. 내가 원하는 건 부자가 아니라 자유였기에, 자칫 돈의 노예가 될 수도 있는 투자 대상은 피하고 싶었다.

가상화폐를 투자 포트폴리오 대상에서 과감하게 삭제한 나는, 당시 경제와 금융 교육을 하던 아이들에게 이 가상화폐 시스템을 도입해 보기로 했다. 일찍부터 '거실을 청소하면 1,000원, 설거지를 하면 2,000원, 동생을 돌보면 1,000원'처럼 아이들에게 노동의 대가를 현금으로 지급하고 있었다. 주목적은 아이들에게 노동의 가치를 깨닫게 하고 벌어들인 수입을 스스로 관리하게 만들기 위함이었지만, 일을 마치자마자 손을 내미는 아이들이 보통 귀찮은 게 아니었다.

'받아야 할 돈은 최대한 빨리 받고, 줘야 할 돈은 최대한 늦게 줘야 한다'는 나의 가르침을 충실하게 이행하고 있는 녀석들에게 "나중에 줄게"라든가 "내일 줄게"라는 말은 좀처럼 통하지 않았다. 더구나 1,000원짜리 지폐가 모자란 경우도 많았기에, 그때그때 현금을 지급하는 일은 귀찮기 그지없었다. 그때 떠오른 아이디어가 바로 가상화폐였다. 우리 집에서만 통용될 수 있는 가족용 화폐를 만들어 그것을 아이들에게 지급하고, 이를 나중에 한꺼번에 현금으로 바꾸어준다면 편리하지 않을까 생각한 것이다.

물론 블록체인 같은 IT 기술을 응용할 수는 없으니 집안에서 화폐로 쓰일 만한 게 없을까 찾아보았다. 바둑알부터 성냥개비까지 다양한 후보들이 희소가치가 떨어진다는 이유로 줄줄이 낙방했다. 그러던 중 해외여행 뒤 환전이 불가능해 모아두었던 외국 동전들이 눈에 들어왔다. 미국 달러, 호주 달러, 엔화, 위안화, 페소 그리고 국적을 가늠하기 힘든 태국, 캄보디아 등 동남아국가들의 동전은 적어도 아이들이 다른 곳에서는 구할 수 없는, 집 안에서만큼은 희소가치가 높은 물건이었다. 이 새로운 가족 통화를 처음 사용한 건 큰아들 녀석이 동생을 1시간 동안 돌본 뒤였다. 이에 셋째 아이의 애칭이던 '태토'를 따라 '태토 코인'이라는 화폐 명이 급조되었다.

"자, 오늘부터 너희들은 돈 대신 태토 코인을 받게 될 거야."

갑작스러운 화폐 개혁에 아이들이 들고일어났다. 500엔이나 100엔 같은 실제 가치가 큰 동전들은 모두 골라낸 뒤라, 조그맣고 더럽기까지 한 태토 코인이 그들의 눈에 가치 있어 보이지 않았던 것이다. 나는 차분하게 추가 설명을 해야만 했다.

"이 태토 코인 하나는 1,000원과 바꿀 수 있어. 그러니 이제 너희가 받아야 할 돈을 나중에 준다든지 하는 일은 없을 거야."

즉시 환금성이 큰 태토 코인은 어렵지 않게 가족 화폐로 인정 받을 수 있었다.

"아빠 차에 가서 가방 좀 가져다줄래? 태토 코인 1개 줄게."

팬티 차림으로 스마트폰 게임에 빠져 있던 아들 녀석은 옷을 살아입어야 하는 것이 귀찮았는지 시큰둥한 반응을 보였다.

"태토 코인 2개 주면 갈게요."

녀석이 갑자기 딜을 하기 시작했다. 경제 교육 덕분이라는 생각에 한편으로 흐뭇했지만, 이런 식이라면 나중에는 비슷한 심부름에 태토 코인 3개를 줘야 하는 일도, 4개를 줘야 하는 일도 발생할 수 있겠다는 불안감이 엄습했다. 나는 아들에게 '비딩 시스템'을 가르쳐야겠다는 생각에, 둘째인 딸에게 그 일을 의뢰했다. 지금 당장이라도 밖으로 뛰어나갈 수 있는 옷차림을 하고 있던 딸아이에게, 엘리베이터를 타고 주차장에 내려가 가방을 들고 오는 일 정도는 거실을 청소하는 일보다 훨씬 수월할 것임이 분명했다. 다행히도 나는 태토 코인 1개로 내가 원하는 일을 처리할 수 있었다. 그 일이 있고 난 뒤부터 나는 어렵고 힘들 만한 일은 누군가를 지목해 시키지 않게 되었다. 독점적인 일 제공이 고용주에게 치명적이란 사실을 깨닫게 된 것이다.

"베란다 창문 닦을 사람 손들어! 태토 코인 1개야!"

첫째 아들 녀석과 둘째 딸아이가 서로 자기가 먼저 손을 들었다며 다투기 시작했다. 나는 흡족한 미소를 지으며 말했다.

"그럼 둘이 같이 해. 그럼 둘 다 1개씩 줄게."

아이들은 혼자 했어도 태토 코인 1개를 받는 일을 둘이서 나누어 하는데도 1개를 받을 수 있다는 사실에 만족해했다. 하지만 나는 속으로 생각했다. 처음부터 그 일은 태토 코인 2개짜리 일이었다고 말이다.

내가 태토 코인을 만들어낸 건, 분명 아이들의 경제 교육 때문이었다. 하지만 그 목적에서 마련한 시스템으로 예상치 않았던 또 다른 효과를 누리게 되었다. 태토 코인이 만들어지기 전까지는 아이들에게 사소한 심부름 하나를 시키는 것도 그리 쉬운 일이 아니었다. 그야말로 수많은 잔소리와 협박이 수반되어야 가능한 일이었다. 하지만 현재의 가족 화폐 시스템하에서는 그런 것들이 전혀 필요 없다. 그저 아이들이 제공할 노동의 가치를 화폐가치로 변환해 제시만 하면 된다. 표현이 다소 거칠긴 하지만, 아이들이 나의 일을 대신해 주는 노예라면 그들을 움직이게 하는 가장 편리하고 효과적인 도구가 '채찍'이 아닌 '돈'인 것이다.

화폐가 탄생하기 전 그리고 교환이라는 경제 개념이 만들어지기 더 이전에는, 생존을 위한 노동이 자신의 배를 채우고 추위를 이겨내기 위한 일이었을 것이다. 이러한 자급자족 중심의 경제 시스템 아래에서는 '남을 위해 대신 일한다'라는 개념 자체가 성립되기 힘들다. 간혹 힘이 더 센 자가 힘이 약한 자에게 위협이나 협박을 가해 자신이 해야 할 일을 대신하게 할 수는 있었겠지만, 일을 시키는 행위가 그리 쉽고 효율적이지는 않았을 것 같다. 하지만 화폐의 탄생, 즉 돈이 생겨나면서부터 세상은 노동의 가치를 돈으로 환산하여 교환할 수 있게 되었고, 그 돈을 통해 '나를 대신해 일해 줄 사람'을 보다 쉽고 편리하게 통제할 수 있게 된 것이다.

상품의 교환을 용이하게 하려고 만들어진 화폐가 그 처음의 목적과는 달리, 다른 사람의 노동을 쉽게 얻기 위한 수단으로 사용되기 시작한 것이다. 내가 가족 화폐를 아이들을 손쉽게 통제하는 데 사용하는 것처럼 말이다.

돈은 위에서
아래로 흐르지 않는다

"

태토 코인 도입으로 인해, 아이들의 노동 횟수와 이들에게 지급하는 코인의 양이 기하급수적으로 늘어났다. 아이들은 태토 코인이 생길 때마다 현금으로 환전해 주길 요청했다. 1~2개의 태토 코인을 현금으로 요구하면 환전 행위 자체가 또 귀찮은 일이 되므로, 나는 환전은 언제든 가능하지만 금액과 관계없이 환전 수수료로 태토 코인 1개를 내야 한다는 조건을 붙였다.

그런데 한 가지 부작용이 발생했다. 짠돌이 기질이 다분한 첫째 아들 녀석이 환전 수수료가 아깝다며 계속해서 태토 코인을 모으기만 할 뿐 전혀 환전하지 않음에 따라, 결국 내가 가지고 있던 태토 코인이 바닥나버렸다. 내게 유동성 위기가 찾아온 것이다. 나는 반대로 아들 녀석에게 현금을 태토 코인으로 환전해 달라고 요구했다. 녀석이 씩 웃으며 말했다.

"1,000원을 주면 환전해 드릴게요."

아들의 행동으로부터 나는 교훈을 하나 얻었다. 돈은 무언가가 필요한 사람으로부터 덜 필요한 사람에게로 흘러 들어간다는 사실을 말이다.

5년 전, 나는 아파트 매입 계약서에 서명한 후 큰 고민에 빠졌다. 아파트 매매가격의 70%를 대출받기로 했던 계획이 LTV, DTI 같은 대출 규제 장벽에 부딪히게 된 것이다. 수소문 끝에 보험회사에서도 주택담보대출을 해준다는 사실을 알게 되었고, 은행보다 상대적으로 대출 규제가 느슨한 그곳에서 부족한 자금을 해결할 수 있었다. 일반적으로 은행은 돈을 맡기는 사람에게는 더 많은 혜택을, 돈을 빌리는 사람에게는 더 많은 규제를 가한다. 경제적 관점에서 보았을 때, 예금하는 사람은 은행에 비용을 발생시키고, 대출받는 사람은 수익을 발생시킨다. 그런데 아이러니하게도, 은행은 돈을 내줘야 하는 사람보다 수익을 가져다주는 사람에게 더 인색하다. 돈을 주는 쪽이 갑이고 돈을 받는 쪽이 을이 되는 자본주의 경제원칙이 자본주의의 꽃인 은행에서는 반대가 되는 것이다. 하지만 추가 대출을 권유하는 은행의 전화 덕분에, 나는 그것이 잘못된 생각이었음을 알게 되었다.

내가 급하게 대출을 요구할 때는 각종 규제를 들먹이며 대출 불가 입장을 피력하던 은행이, 대출을 통한 실적이 필요해지자 굳이 원하지도 않은 돈을 빌려 가지 않겠느냐며 제안해온 것이다. 이로써 갑과 을은 돈을 주는 사람과 받는 사람으로 결정되는 것이 아니라, 그 행위가 필요한 사람과 덜 필요한 사람으로 결정된다는 사실을 깨달았다. 현금이 필요한 아들 녀석에게는 내가 갑의 위치에서 수수료를 요구할 수 있었지만, 태토 코인이 필요하게 된 내게는 아들 녀석이 갑의 위치에서 수수료를 요구할 수 있었던 것이다.

은행은 생활비 100만 원을 빌리려는 가난한 자에게는 인색하거나 더 많은 이자를 요구하지만, 100억 원짜리 건물을 사기 위해 70억을 빌리려는 부자에게는 더없이 친절하고 더 낮은 이자를 부과하기까지 한다. 이것이 가난한 사람은 더 가난해지고 부한 사람은 더 부하게 되는 현상이 일어날 수밖에 없는 하나의 이유가 되기도 한다.

나는 은행원에게 이자율을 좀 더 낮춰준다면 대출을 갈아타겠다고 대답했다. 결국 전화 한 통화로 매월 발생하던 이자비용을 크게 줄일 수 있었다. 은행의 판단 기준은 예금하는 사람인지 대출받는 사람인지가 아니라, 은행에 이익을 주는 사람인지 위험이 되는 사람인지였다.

이처럼 돈이 흘러가는 구조를 이해하는 것은, 곧 돈을 지배하는 힘이 된다.

알뜰하고 꼼꼼한
정부의 재테크 노하우

한 차례 유동성 위기를 겪게 만든 태토 코인 사건으로 '돈의 흐름'에 대한 교훈을 얻긴 했지만, 어째서 이러한 문제가 일어났는가에 대한 의문은 완전히 해결되지 않고 있었다. 근본적인 원인이라면, 한정된 태토 코인이 아이들의 노동에 대한 대가로 계속 지출되고 있었지만 수입이 없다는 것이었다. 그러니 아이들로부터 태토 코인을 얻어낼 방법을 따로 고안해야 했다. 고민 끝에, 정부가 국민에게 그렇게 하듯 일종의 세금 형태로 수입원을 만들어내기로 했다.

국민이 법을 어겼을 때, 이를테면 교통 위반 시 정부에 범칙금을 내야 하듯 아이들에게도 나름의 규칙을 제시한 뒤 내야 할 범칙금의 금액을 정해 내게 한 것이다. 아이들끼리 싸웠을 때 가해자에게는 태토 코인 10개, 피해자에게도 쌍방 과실의 책임을 물어 5개의 태토 코인을 부과했다. 상상해 보라! 지난주 내내 각종 귀찮은 심부름으로 어렵게 모은 1개, 2개 태토 코인이, 동생이나 오빠와의 사소한 말다툼으로 인해 그것도 무려 10개씩이나 한 방에 날아가 버릴 수 있는 것이다. 이는 아이들에게 공포 그 자체일 것이 분명했다.

　"계속 그렇게 싸우면, 태토 코인 10개야!"

　이러한 말 한마디도 효과가 대단했다. 태토 코인은 아이들의 다툼을 현격히 줄이는 데 톡톡한 역할을 했다. 태토 코인의 유동성 위기를 해결하고자 했던 본래의 목적이 오히려 부가적인 메리트로 느껴질 정도였다.

　내가 그렇게 했듯 정부는 화폐를 만들어낼 수 있는 존재다. 정부는 월급쟁이나 자영업자 같은 노예들에게는 물론, 사업가와 투자가 같은 돈의 주인들에게도 세금을 부과한다. 가난한 사람을 도와주기도 하지만, 잘못을 저지른 사람에게 벌금을 부과하기도 한다. 내가 아무리 열심히 일해서 돈을 벌더라도 정부가 엄청난 세금 부과정책을 낸다면, 하루아침에 내 통장도 '텅장'이 될 수 있다. 마치 내가 '오늘부터 이를 닦지 않고 자면 태토 코인 100만 개야!'라는 규칙 하나를 만들면, 아들 녀석이 10년 동안 열심히 노력해서 모은 70만 원도 금방 날아가 버릴 수 있는 것처럼 말이다.

'국민을 위해 존재하는 정부가 절대 그렇게 할 리가 없어'라고 생각하는가? 이는 '우리 아빠가 나에게 절대 그렇게 할 리가 없어'라고 생각하는 순진무구한 열한 살짜리 아들 녀석이나 가질 법한 믿음이다. 혹여 태토 코인의 유동성 위기가 또다시 닥친다고 해도, 내겐 환전 수수료 따위를 아들 녀석에게 줄 생각이 없다. 그저 지키기 어려운 규칙 하나를 더 만들어내거나 태토 코인 1개였던 범칙금을 2개로 늘려버리면, 쉽게 해결할 수 있으니까.

내가 이러한 생각에 잠겨 있을 무렵, TV에서 정부의 부동산 규제대책에 관한 뉴스가 흘러나왔다. 양도세 중과와 보유세 인상에 관한 내용이었다. 내가 아이들에게 하려던 행동을 정부가 국민들에게 하려는 것이 틀림없었다. 이것이 경제적 자유를 얻으려면, 금융뿐 아니라 정부의 생각과 움직임에도 관심을 기울여야 하는 이유다. 국가가 화폐 시스템을 이용해 나의 노동력을 손쉽게 사용했던 것처럼, 내가 소유한 화폐를 도로 가져가는 것 역시 그리 어려운 일은 아닐 것이다.

나는 도덕적으로 깨끗하고자 노력하는 성실한 대한민국 국민이다. 돈을 벌기 위한 목적으로 범법이나 위법에 해당하는 행동은 절대 하지 않는다는 원칙을 세워 지키고 있다. 그러나 편법에 대해서는 항상 창의적이고 열린 사고방식을 가지려고 노력한다. 세금으로 따지자면, '탈세'는 안 되지만 '절세'는 꼭 필요하다고 생각한다는 뜻이다.

누군가는 '정부가 정해놓은 정당한 세금을 내야지, 왜 그것을 회피하려 하느냐?'고 질책할 수도 있다. 나는 그 사람에게 정부를 100% 신뢰한다면 그렇게 해도 된다고 답해 줄 것이다. 하지만 정부가 만들어낸 정책과 제도 역시, 언제나 실수할 수 있는 인간이 만들어낸 것들이다. 그러니 잘못될 수도, 옳지 않은 결과로 이어질 수도 있다는 걸 염두에 둬야 한다. 치솟는 집값을 잡기 위해 정부가 부동산 거래를 규제하자, 오히려 집값이 더 오르지 않았는가? 정부의 정책이 항상 옳은 건 아니라는 걸 방증하는 사례는 이미 주변에 넘쳐난다.

이러한 이유로 나는 정부가 정해놓은 규칙을 따르되, 허점이 있다면 이를 최대한 활용해 나의 경제적 이익을 높일 수 있는 방향을 찾으려고 노력한다.

인간에겐 피할 수 없는 두 가지가 있다.
하나는 죽음이고 다른 하나는 세금이다.
― 벤저민 프랭클린Benjamin Franklin, 미국의 정치가이자 외교관, 과학자, 저술가

66

아이스크림 할인 판매의
비밀

99

    우리 동네 슈퍼마켓에서 1개에 700원인 아이스크림을 7개에 3,000원에 판매했던 적이 있다. 아내는 집에 아이들의 친구들이 놀러 오자, 그들에게 함께 먹을 아이스크림을 사 오라며 현금 3,000원을 쥐여주었다. 신이 나서 슈퍼마켓으로 달려갔던 다섯 명의 아이들은 얼마 후 울상이 되어 돌아왔다. 그들의 손에는 아이스크림 4개와 거스름돈 200원뿐이었다. 한 아이가 아이스크림을 먹지 못하게 된 것이다.

    사건의 전말은 이랬다. 아들 녀석이 700원짜리 아이스크림 5개를 판매대에 올려놓자, 판매원은 자연스럽게 '3,500원'을 카운터 가격 창에 띄워 올렸고, 본인에게 3,000원밖에 없다는 사실을 자각한 아들 녀석이 1개를 다시 냉장고에 가져다 놓은 것이다. 그러니 아이스크림은 4개밖에 사지 못하게 된 것. 아이들이 아이스크림 7개를 사 오면 다섯 명의 아이들에게 하나씩 나누어주고 남은 2개를 남편과 먹을 요량이었던 아내는, 계획에 차질이 생기자 내게 도움을 요청했다.

슈퍼마켓이 정해놓은 규칙은 간단했다. 아이스크림을 1개 사는 사람에게는 700원을 부과하고, 7개를 한꺼번에 사는 사람에게는 파격적인 할인으로 총 3,000원에 판매한다는 것이다. 그러니 아이스크림 5개를 사려는 아이들에게 아이스크림을 개당 700원으로 계산해 3,500원을 요구한 판매원의 행동엔 잘못이 전혀 없었다. 공무원처럼 그들이 만든 규칙을 그대로 적용했을 뿐이니 말이다. 내 아들 역시 그들이 정한 규칙을 그대로 따랐을 뿐이니 잘못은 없다. 물론 판매원이 "7개를 사면 3,000원인데, 왜 다섯 명이 와서 비슷한 돈으로 4개만 사 가는 거니?"라고 현실에서는 좀처럼 일어나지 않는 친절한 질문을 했다면, 이와 같은 문제가 애초에 발생하지 않았을 것이다.

아들 녀석이 잘못한 건 없지만, 똑똑하지 않았단 게 문제라면 문제였다. 만약 녀석이 친구를 위해 아이스크림 저장고에서 아이스크림 1개를 훔쳐 다섯 명의 아이들 모두가 행복하게 아이스크림을 먹었다면 이는 '탈세'와 같은 범법 행위였겠지만, 아이스크림 2개를 더 가져와 7개를 만들었다면 점원은 뭔가 이상하다는 듯 머리를 긁적이면서도 카운터 가격 창에 '3,000원'을 띄워 올렸을 게 틀림없다. 이것이 바로 '절세'에 해당한다. 아내로부터 사건의 전말을 전해 들은 나는 시간적 여유가 넘쳤기에, 좋은 경제 교육의 기회라 생각하고는 아들 녀석의 손을 잡고 사건 현장으로 향했다.

나는 아들이 들고 있던 아이스크림 4개가 든 봉지를 카운터 위에 올려놓고는 판매원에게 환불을 요구했다. 판매원이 내게 돌려줄 2,800원을 준비하는 사이, 나는 아이스크림 저장고에서 아이스크림 3개를 더 들고 와서는 200원을 내밀었다. 그는 아이스크림이 3개나 더 늘었는데도 추가로 받아야 할 돈이 2,100원이 아닌, 200원뿐이라는 사실에 약간 혼란스러워하는 눈치였다. 하지만 판매원은 이내 아이스크림 냉장고 위에 붙여놓은 '7개에 3,000원'이라는 안내 문구를 확인하고는 아이스크림 7개를 봉지에 담아 우리에게 건넸다.

 정부가 정한 세법이나 정책은 슈퍼마켓이 정한 규칙처럼 모든 경우와 모든 사람에게 완벽하고 올바르게 적용되지 않는다. 토지 보유세가 자동차 보유세의 7분의 1에 불과하다며 소득 불평등을 해소하기 위해서 현행 세법의 개정이 필요하다고 말한 어느 지방 자치 단체장의 요구는, 내 돈을 토지를 사는 데 투자해야 하는지 자동차 구입에 소비해야 하는지에 대한 명확한 근거를 만들어줄 뿐이다.

 세금을 잘 내면 애국자고 절세를 하면 파렴치한이라는 그 편견이야말로, 우리 삶의 노예 기간을 더욱 늘릴 뿐이다.

66

절세는
고금리 정기예금

99

　요즘과 같은 저금리 시대에 만약 연 이자율 10%의 정기예금 특판 상품이 있다면, 단 몇 초 만에 매진이 될 것이 분명하다. 연 이자율 10%는 세계 최고의 주식 부자인 워런 버핏의 연평균 수익률의 절반 정도에 해당하며, 상가 임대수익률의 2배 수준에 달하는 엄청난 수익률이라 할 수 있다. 10%란 수익률이 일반인들에겐 범접하기 힘든 숫자로 보이겠지만, 투자에 관심이 없거나 투자를 잘 모르는 사람일지라도 유사한 수준의 이익을 얻을 수 있는 방법이 있다! 그건 바로, 자동차세를 1월에 연납하는 것이다.

자동차세를 언제 납부하느냐에 따라 세금 감면 혜택이 달라지는데, 1월에 납부하면 1년분의 10%를, 3월에 납부하면 7.5%를 그리고 6월엔 5%, 9월엔 2.5%를 감면받을 수 있다. 고작 10%밖에 되지 않는 세금 할인을 위해 나중에 내도 될 돈을 미리 챙겨야 하냐며, 10%의 이익을 대수롭지 않게 생각할 사람도 있을 것이다.

하지만 쓰지 않아도 될 소비에 적용되는 10% 할인과 어쩔 수 없이 꼭 지급해야 하는 돈에 적용되는 10% 할인은 그 개념에서부터 다르다. 백화점 할인 행사에서 제품 곁에 붙은 '10% 할인' 딱지는 특별한 감흥이 없을 정도로 가소롭게 보인다. 오히려 할인 행사에 참여하지 않으면 100%의 할인 효과를 얻을 수 있다. 이처럼 하지 않아도 되는 소비 행위에 적용되는 10% 할인은 별 가치가 없는 게 사실이다. 하지만 세금처럼 반드시 납부해야 하고 납부하지 않으면 불이익을 당할 수도 있는 소비 행위에서 10% 할인을 받는 건, 앞서 설명한 연 10% 수익률의 투자 상품과 같은 경제적 가치를 지닌다.

1년 전, 월 10만 원짜리 정기적금 상품에 가입했다. 재테크 목적이라기보다 신규 통장개설을 위해 어쩔 수 없이 해야 하는 일이었다. 1년이 지나는 동안 까맣게 잊을 정도로 존재감조차 없던 정기적금의 만기일이 도래했고, 나는 원금 120만 원과 1만 원도 안 되는, 그러니까 연 이자율 2%도 되지 않는 쥐꼬리만 한 이자를 수령했다. 반면 자동차세로 32만 원을 납부해야 한다는 고지서를 받고 이를 1월에 연납해 공제받은 금액은 3만 2,000원이었다. 이 금액은 앞에서 언급한 정기적금을 기준으로 계산하면, 1년 동안 꼬박꼬박 월 30만 원씩 저금해야 얻을 수 있는 수준의 이자다.

● **자동차세 산출내역**

기존 세액	324,187원		
총 공제액	32,418원		
공제 후 세액	291,760원		
구분	합계	자동차세	지방교육세
기존 세액	324,187원	249,375원	74,812원
선납 공제 금액	32,418원	24,937원	7,481원
총 공제 금액	32,418원	24,937원	7,481원
납부하실 세액	291,760원	224,430원	67,330원

많은 사람이 재테크라고 하면, 수익을 발생시키는 방향으로만 생각한다. 절약을 하거나 절세를 함으로써 고수익 투자 상품과 비슷한 이익을 거둘 수 있다는 걸 간과하는 것이다.

지금까지의 이야기로 금융의 메커니즘을 조금이라도 이해할 수 있게 되었는가? 그렇다면 아래 오스카 와일드Oscar Wilde의 명언을 읽은 후, 당장 어떤 행동을 해야 할지 자문해 보기 바란다.

젊었을 때는 인생에서 돈이 가장 중요하다고 여겼다.
나이가 들고 보니 그것이 사실이었음을 알겠다.
– 오스카 와일드, 아일랜드의 시인이자 소설가, 평론가

4장

자본이 되는
돈

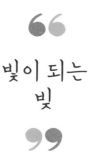

빚이 되는 빚

2012년 EBS에서 방영된 〈다큐프라임-자본주의〉는 이후 책까지 출간될 정도로 큰 반향을 일으켰다. 이 5부작 다큐멘터리의 첫 번째 타이틀은 '돈은 빛이다'였다. 처음에 나는 '돈은 빛이다'라는 문장을 잘못 읽은 건가 하며 내 눈을 의심했다. 하지만 자세히 살펴봐도 '빛'이 아닌 '빚'임에 분명했다. 자본주의 사회는 빚이 있어야 돌아간다는 것이 주요한 내용이었다.

내가 생각하는 빚은 두 가지다. 하나는 '소비를 위한 빚', 다른 하나는 '투자를 위한 빚'. 할부로 자동차를 산다든지 신용카드로 옷을 산다든지 하는 행위는 전자에 속하며, 금융권에서 대출을 받아 임대용 아파트를 사거나 영업용 집기를 구매하는 등의 행위는 후자에 속한다. 소비를 위한 빚은 그냥 빚이다. 빚 이상도 그 이하도 아니며, 결국 이자라는 비용의 형태로 당신의 재산을 야금야금 갉아먹을 것이다. 하지만 투자를 위한 빚은 빛이 될 수 있다. 또한 레버리지, 즉 당신이 더 많은 돈을 벌 수 있도록 돕는 지렛대 역할을 해줄 수 있다.

주식 투자를 위해 기업의 재무제표를 살피다가, 나는 자본뿐만 아니라 부채도 기업의 자산에 포함된다는 사실을 알고 나서 적잖이 혼란스러웠다. 부채, 즉 기업이 진 빚이 자산에 포함된다는 건 부채 역시 자본처럼 자산으로서의 어떤 가치가 있다는 의미이므로 그 이유가 궁금해졌다.

아이러니한 것은, 경제적 자유를 얻은 지금의 내가 예전의 가난하고 노예생활밖에 답이 없던 시절보다 더 큰 규모의 빚을 안고 있다는 것이다. 물론 부채보다 자산이 더 많기는 하지만, 경제적 자유를 얻었다고 해서 부채가 전혀 없는 건 아니라는 말이다. 내가 짊어진 부채의 대부분은 부동산 자산의 일부다. 아파트와 건물에는 나의 자본뿐 아니라 은행에서 받은 대출금도 포함되어 있다. 그런데 알다시피 나를 비롯한 많은 사람이 부동산을 구입할 때는 물론 자금이 여유로울 때도 이자비용을 부담하면서까지 부동산대출을 받고도 곧바로 부채를 상환하지 않는다. 그 이유가 무엇일까?

부동산을 담보로 제공하는 은행의 대출상품은 부동산이 부실 위험이 적고 안전하다는 이유로, 비교적 낮은 금리의 이자율을 책정한다. 따라서 연 이자율 3%로 돈을 빌려서 이를 또 다른 부동산이나 주식, 펀드, 채권 등에 투자해 그 이상의 수익을 발생시킬 수 있다면, 대출금이야말로 투자자금으로서의 효용, 즉 레버리지의 역할을 충분히 해낼 수 있는 자산으로 활용 가능한 것이다. 이는 수많은 기업의 전략이기도 하다. 기업들도 사업을 통해 벌어들일 수 있는 수익이 은행 대출이나 회사채 발행에 따른 이자비용보다 더 크기 때문에, 부채를 지렛대 삼아 사업을 전개해나가지 않는가.

심지어 물가상승으로 인한 화폐가치의 하락, 즉 인플레이션이 부채의 크기를 줄어들게 만들기도 한다. 저축을 통해 낮은 이자율에 만족하며 은행에 돈을 묶어놓는 행위는 오히려 돈을 썩히는 결과가 될 수 있지만, 동일한 이유로 낮은 이자율로 빌린 은행의 돈 역시 시간이 지날수록 그 가치가 낮아진다는 걸 기억하자. 예를 들어, 정부의 정책 자금이나 현 직장에서의 특별 혜택 등으로 연 이자율 1%, 만기 일시상환 조건으로 1억 원을 빌렸다고 가정해 보자. 당신이 20년 후 지급해야 하는 이자비용은 총 2,000만 원이다. 그때가 되면 빌린 원금에 이자를 더해 총 1억 2,000만 원을 상환해야 한다. 하지만 물가상승률을 2%로 가정한다면, 20년 후의 1억 2,000만 원은 지금의 8,000만 원 정도의 가치에 불과하게 된다. 결국 당신이 빌린 돈으로 특별한 투자 행위를 하지 않아도 20%의 수익률, 즉 2,000만 원의 이익을 거두는 결과를 얻게 된다는 의미다.

그렇다면 투자를 위한 '빚'은 무조건 '빛'이 되는 것일까? 안타깝게도 그렇지는 않다. 고금리의 이자비용이 수반되거나 투자한 자산의 가치가 하락하는 경우도 있기 때문이다. 따라서 일시적으로 자산의 가치가 하락하더라도 다시 오를 때까지 버틸 수 있을 정도의 이자비용을 부담할 능력이 되는지 따져봐야 한다.

몇 년 전, 아파트 갭 투자가 유행처럼 번졌다. 갭 투자란 아파트의 매매가격과 전세가격의 차이(갭)만큼의 자본으로 아파트를 매입하는 방식을 의미한다. 예를 들어, 매매가격이 5억 원인 아파트의 전세가격이 4억 5,000만 원이라면, 이 아파트 1채를 매입하는 데 실제 투자금은 5,000만 원 정도만 필요하다. 전세 세입자로부터 받는 전세금에는 이자가 없으므로 제로금리의 빚과 자본금 5,000만 원으로 5억 원짜리 아파트를 소유할 수 있으니, 훌륭한 레버리지 효과를 거둘 수 있다.

　하지만 이와 같은 상황에서는 두 가지의 시나리오로 투자의 성패가 갈릴 수 있다. 그중 성공하는 사례는 2년 후 해당 아파트 가격이 6억 원으로 올라 5,000만 원의 투자로 1억 원의 수익을 내는 경우다. 때에 따라 그 이상의 수익 실현도 가능한 것이 대한민국의 현주소이기도 하다. 하지만 실패하는 사례도 생길 수 있다. 2년 후 아파트 가격이 4억 원으로 하락하거나, 전세 세입자가 이사를 나간 후 공실이 발생해 4억 5,000만 원이란 거금을 추가로 투여해야 하는 경우다. 이런 일이 발생한다면 다시 아파트 가격이 오를 때까지 감당하기 힘든 이자비용을 계속 지급해야 할 것이다.

온라인상에서 흔히 접할 수 있는 부동산 투자 성공 사례들에는, 단기간에 보유 아파트를 10채, 20채로 늘렸다는 사람들의 이야기가 많다. 하지만 투자에는 항상 리스크가 존재하며 그 리스크에 얼마나 잘 대비하느냐가 성공 투자의 핵심이다. 자칫 '하이 리스크, 하이 리턴high risk, high return'이라는 말에만 현혹되어 위험에 대비하지 않는다면 레버리지, 즉 지렛대가 부러져 가지고 있는 자산이 산산조각 날 수도 있다는 걸 잊지 말아야 한다.

잘못된 레버리지의 활용 사례는 주식 투자에서도 비일비재하게 일어난다. 주식 투자에는 최소 40% 정도의 증거금만으로 주식을 매수할 수 있는 '미수거래'라는 것이 있다. 주식에 대해 아무것도 모르면서 거래를 하던 시절, 계좌에 입금한 돈은 분명 100만 원인데 그 2배 이상 되는 금액의 주식이 매수되는 것을 보고 적잖이 당황했던 기억이 있다. 내가 가진 돈보다 많은 주식을 매수할 수 있다면 레버리지 효과를 얻은 게 분명하다. 주가가 오를 경우 더 큰 이익을 얻을 수 있다는 말이다. 하지만 반대로, 주식이 하락했을 경우에는 더 큰 손실이 발생할 수 있다는 의미도 된다는 걸 알아야 한다. 100% 자기 자본만으로 산 주식은 주가가 올라 수익이 발생할 때까지 몇 년이든, 혹은 몇십

년이든 기다릴 수 있다. 부동산 자산처럼 보유세가 발생하는 것도 아니다. 하지만 미수거래, 즉 빚이 함께 수반된 경우에는 미수 자금을 충당하지 못해 반대매매로 인한 손실이 발생할 수도 있고, 이에 대한 이자비용을 부담해야 한다는 게 문제다.

부자의 투자 성공 사례는 넘쳐나고 빈자의 투자 실패 사례가 많은 건, 비단 그들의 투자 실력이나 판단력 차이 때문이 아니다. 부자에겐 부러진 지렛대를 수리하거나 대체할 수 있는 자금이 넉넉하지만, 빈자의 경우 지렛대가 한 번만 부러져도 그대로 치명적인 최후를 맞이할 수밖에 없다는 걸 기억하자.

"나는 돈이 없지만, 적어도 빚은 없어"라고 말하는 사람과 "나는 빚은 많지만, 집도 많아"라고 말하는 사람은 서로 다른 의미에서 똑같이 위험하다. 경제적 자유를 얻기 위해서는 빚을 최대한 견고하고 튼튼한 레버리지로 삼아, 빚으로 만들어낼 수 있어야 한다.

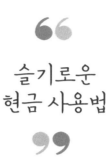

슬기로운
현금 사용법

"가격이 하락하는 부동산은 없다."

어느 부동산 재벌이 했다는 이 말에 일견 동의할 수밖에 없는 현실이다. 경기나 투기 과열에 따른 정부의 정책 변화 등으로 부동산 가격에 단기적인 하락은 있을 수 있지만, 인플레이션을 고려해 장기적 관점에서 본다면 부동산 가격은 지금까지 계속 올라왔고 또 앞으로 오를 수밖에 없다.

수많은 경제학자가 인플레이션은 자본주의 사회에서 필수

불가결한 흐름이자 방향이라고 말한다. 경제 주기에 따라 단기적인 디플레이션 현상이 발생할 수는 있지만, 큰 방향은 여전히 인플레이션이라는 사실엔 변함이 없다. 이 말대로라면 '현금은 쓰레기다'라는 말 역시 맞는 말이 된다. 화폐가치가 계속해서 떨어지기 때문에 투자되지 않고 은행 등에 고여 있는 현금은 제대로 된 가치를 구현해낼 수 없다는 이야기다. 이 같은 관점에서 보자면, 현금은 무위험의 수익성 자산이 아니라, 무수익의 위험성 자산인 셈이다.

인플레이션에 대비하기 위해 모든 현금을 금 같은 현물성 자산으로 바꾸어놓는다고 해도 절대적으로 안전할 수는 없다. 돈에 인플레이션이 발생하듯 부동산이나 주식, 금 같은 투자 대상에도 인플레이션에 버금가는 '거품'이라는 것이 발생하기 때문이다. '시멘트로 만들어진 금'이라고 불리는 부동산은 어찌 보면 인플레이션을 피할 수 있는 가장 안전한 투자처로 보이기도 한다. 하지만 그 가치를 절대적으로 평가하기란 불가능에 가까우므로 버블 붕괴에 따른 가치 하락으로 오히려 손실이 발생할 수도 있다는 걸 기억해야 한다.

거품이 낀 투자 자산이 인플레이션으로 인한 화폐가치 하락분보다 더 큰 손실을 발생시킬 수 있다는 이야기를 바꾸어 말하면, 저평가된 투자 자산은 화폐가치 하락분을 상쇄하는 것을 넘어 더 큰 투자수익을 발생시킬 수 있다는 의미도 된다. 이때 필요한 것이 바로 '현금'이다.

나는 주로 배당주 위주의 안정적인 주식에 투자하고 있다. 분할 매수와 분할 매도를 하는 것이 나의 투자 원칙 중 하나이며, 가능하면 시장의 변화로 인한 단기적인 주가 등락에 휘말리지 않으려고 노력한다. 하지만 가끔 뉴스에서 '주가 대폭락', '검은 월요일' 같은 자극적인 멘트들이 쏟아져 나올 때는 월급날 직장인이 백화점에서 쇼핑하듯 주식 트레이딩 시스템에 접속해 폭락한 주식들을 사들인다. 내가 폭락장에서 즐거운 쇼핑을 할 수 있는 것은 아직 투자에 묶이지 않은 자산, 즉 현금이 있기 때문이다. 만약 내가 가지고 있는 모든 현금을 주식으로 바꾸어 놓았다면, 폭락장은 그저 우울한 사건일 뿐 기회로써 활용할 수 없을 것이다. 부동산 투자 또한 마찬가지다. 우리나라의 부동산이 IMF로 인해 가격이 폭락했던 시절, 저평가된 부동산을 사모아 더 큰돈을 벌었다는 부자들의 이야기는 현금 자산의 중요성을 보여주는 좋은 사례라고 할 수 있다.

아무 일도 하지 않는 현금은 가치가 없지만, 더 큰 일을 하기 위해 준비 중인 현금은 큰 가치를 지닌다. 어린 시절부터 바로 직장에 들어가 돈을 벌지 않고 학교에 다니며 준비, 곧 공부하는 것도 이 때문이다. 투자에 관해 연구하고 공부하면서 더 효율적인 투자를 위해 준비해놓는 현금은 '쓰레기'가 아닌 '황금'이 된다.

워런 버핏은 말했다. "주식 시장은 스트라이크 게임이 아니다. 공이 날아올 때마다 매번 방망이를 휘두를 필요는 없다." 실제 야구에서는 타자가 좋은 공을 기다리기만 하다가는 세 번의 스트라이크로 아웃될 수 있지만, 주식 시장에서는 홈런을 칠 수 있을 만한 좋은 공이 날아올 때까지 계속 기다려도 아웃되는 일이 없다. 투자할 현금을 준비해놓고 원하는 종목이 원하는 가격이 될 때까지 기다리는 것도 좋은 투자 전략이 될 수 있다.

현금은 소비를 위해서만이 아니라, '투자'하기 위해서도 필요하다는 걸 잊지 말자.

마이너스도 기회가 되는
신기한 자본주의

빚은 투자를 위한 레버리지이며, 현금은 투자를 위해 대기 중인 충실한 노예다. 그런데 자본주의 시스템에서 이 두 가지를 가장 효율적으로 만들어낼 수 있는 건, 바로 은행의 대출상품이다. 은행을 통해 비교적 낮은 금리의 이자비용으로 대출을 일으킬 수 있으므로 은행과 가까워지는 건, 곧 돈을 벌 수 있는 기회와 가까워진다는 의미이기도 하다.

은행의 여러 가지 대출상품 중에서 특히 '마이너스대출'은 투자를 위해 현금을 대기시키기에 무척이나 효율적인 대출상품이다. 마이너스대출은 약정금액 한도 내에서 돈의 액수와 상관 없이 수시로 입·출금이 가능한 데다, 통장의 잔고가 마이너스 일 경우에는 그 금액만큼의 이자비용이 발생하지만, 반대로 플러스일 경우에는 이자비용이 전혀 발생하지 않는다. 정해진 한도 내에서 언제든 현금을 사용할 수 있다는 건, 곧 주가 폭락과 같은 투자 타이밍이 발생했을 때 신속하게 그 돈을 레버리지로 활용할 수 있다는 뜻이다. 투자를 할 만한 대상이 없거나 투자 타이밍을 기다리는 동안, 즉 대출금을 사용하지 않는 기간에는 이자비용이 전혀 발생하지 않으므로 마이너스 통장을 소비를 위한 통장이 아닌 투자를 위한 통장으로 만들어둔다면, 투자 활동의 좋은 무기로 활용할 수 있다.

대출을 레버리지로 활용하기 위해서 가장 중요하게 고려해 야 할 것은 바로 금리, 즉 이자비용이다. 이자비용이 투자수익 보다 현저하게 낮지 않다면, 투자 손실이 발생할 경우 치명적인 문제가 생길 수 있기 때문이다. 또한 마이너스대출을 투자가 아닌 소비에 사용해도 큰 문제가 될 수 있다. 빚이 수익을 만들어 내는 것이 아니라 또 다른 빚을 만들어내기 때문이다. 마이너스대출은 대부분 신용대출이므로, 담보대출에 비해 금리가 높아 많은 이자비용을 부담해야 하고, 만약 대출 기간을 연장하지 못할 경우에는 더 높은 이자율의 대출상품으로 갈아타야 할 수도 있다.

칼은 맛있는 음식을 만드는 도구가 될 수도, 사람을 죽이는 흉기가 될 수도 있다. 사용하는 방법에 따라 득이 될 수도 독이 될 수도 있는 것이다. 같은 이유에서 은행의 다양한 금융상품, 그중에서도 대출상품을 잘만 활용하면, 자본력이 부족한 사람들에게 좋은 기회가 될 것이다.

현대판
신분제도

재테크는 은행과 친해지는 것에서부터 시작된다. 은행은 자본주의의 핵심 시스템이기에 그들과 함께할 수 없다는 건, 자본주의 사회에서 살아남기 힘들다는 의미가 된다. 제1금융권 은행에서 대출을 받지 못하면 금리가 높은 제2금융권 혹은 살인적인 금리의 사금융을 이용할 수밖에 없는데, 투자를 위한 기회를 얻기 위해 다른 사람보다 높은 이자비용을 지급해야 한다면 결국 경제적 자유를 얻기 위한 경쟁에서 뒤처질 수밖에 없다. 그럼, 은행과 친해지려면 어떠한 자격을 갖추고 어느 정도의 노력을 기울여야 하는 것일까?

내 경우, 달러에 투자하게 되면서 외환 거래가 잦아지나 보니 은행에 직접 방문해야 하는 일이 많아졌다. 인터넷이나 모바일 뱅킹을 통해 거의 모든 은행 업무를 처리하던 내게는 보통 귀찮은 일이 아니었다. 더군다나 은행에 방문한 사람들이 많을 때 대기표를 받아 기다리는 시간은 여간 답답한 게 아니었다. 그때, 내 눈에 들어온 은행의 'VIP 라운지'는 사막의 오아시스처럼 반갑게 느껴졌다. 다른 여러 가지 혜택은 차치하더라도 대기표를 뽑지 않아도 된다는 사실 하나만으로도 매력적이었다. 나는 은행원에게 VIP 라운지를 이용하려면 어떻게 해야 하는지 물었다. 그는 복잡해 보이는 점수표가 인쇄된 안내지를 내밀며, 고객등급 산정 조건과 그 혜택에 관해 친절하게 설명해 주었다.

신용등급이 7등급까지 추락했다가 다시 1등급으로 올라간 나는 자랑스럽게 내 신용등급을 알려주었다. 하지만 은행의 고객등급과 신용등급은 아무런 관계가 없었다. 은행은 고객이 해당 은행에서 얼마나 다양하고 많은 금융활동을 했는지, 즉 그 은행에 얼마나 많은 이익을 가져다준 고객인지에 따라 등급을 산정하고 있었다. 예금 평균 잔액, 대출 평균 잔액, 외환 거래 실적, 급여 이체 여부, 거래 기간, 가입한 금융상품의 개수 등 다양한 항목에서 일정한 점수에 도달해야만 높은 고객등급을 부여 받을 수 있는 구조였다. 또한 높은 등급의 고객에게는 VIP 라운 지 이용은 물론 각종 수수료 면제 혜택과 함께 예금금리 우대와 무보증 신용대출 서비스까지 제공했다.

은행의 VIP 고객이 막연히 부자들에게만 해당하는 이야기인 줄 알았는데, 꼭 부자가 아니더라도 그들이 정한 여러 가지 기준에 따른 점수를 획득하기만 하면 VIP 고객이 될 수 있었다. VIP 고객이 된다는 건 은행과 친해지는 것을 넘어서 은행으로부터 특별한 대접을 받을 수 있는 존재가 된다는 의미다. 그리고 이는 자본주의의 핵심 시스템에 가까워질 수 있다는 뜻이기도 하다. 점수를 획득하는 항목 중에는 해당 은행과의 거래 기간도 있는데, 1년당 10점으로 산정된 내 점수는 260점이었다. 나는 그 은행에 26년 전, 달랑 통장 하나만 개설했을 뿐 단 1원의 예금조차 하지 않고 여태껏 다른 은행과 거래해왔지만, 그 은행은 나를 26년간 거래한 고객으로 인정해 주고 있었다.

나는 은행원에게 가장 빠르게 VIP 고객등급을 얻을 수 있는 방법이 무엇인지 물었다. 그것은 이자가 거의 제로에 가까운 일반 입·출금 통장에 3개월간 4,000만 원을 넣어두는 것이라고 했다. 4,000만 원을 다른 연 이자율 2%의 예금 통장에 3개월 동안 넣어둘 경우 약 20만 원 정도의 이자수익이 발생한다는 것을 고려하면, VIP 고객이 되기 위한 비용이 20만 원인 셈이다. 그리고 한번 VIP 등급으로 선정되면 6개월간 유지되는 구조임을 감안하면, 1년간 VIP 고객으로 인정받는 데 총 40만 원 정도의 비용이 발생한다는 뜻이었다.

나는 VIP 고객이 되기 위한 또 다른 방법을 찾아보기로 했다. 가장 적은 비용으로 VIP 고객이 되어 은행과 거래하면서 좀 더 높은 예금이자를 받고 좀 더 낮은 이자로 대출받을 수 있다면, 자본주의 사회 안에서 강력한 경쟁력 중 하나가 될 수 있을 터였다. 나는 고객등급 선정 항목 중 '금융상품 개수'라는 항목에 주목했다. 청약, 신탁, 투신, 방카슈랑스 등 은행에서 판매하는 금융상품에 가입할 때마다 점수를 부여받을 수 있다는 것이다. 중요한 건 '상품 가입 금액'이 아닌, '가입 상품 개수'라는 점이었다. 나는 은행원에게 내가 가입할 수 있는 모든 은행상품에 가입하겠다고 말했다. 그러고는 펀드 1만 원, 퇴직연금 1만 원, ISA 1만 원 등 가능한 한 가장 '적은' 금액으로 가장 '많은' 개수의 금융상품에 가입했다. 3개월 후, 나는 그 은행의 VIP 고객이 되었다. 은행과 더 친해진 것이다.

조선 시대에 천민, 평민, 중인, 양반 등의 신분제도가 있었던 것처럼, 현대사회에도 신분제도가 존재한다는 건 인정하기 싫은 불편한 진실이다. 신용등급과 은행의 고객등급이 바로 현대판 신분제도에 따른 등급이라고 할 수 있다. 최고 신용등급인 1등급과 최저 신용등급인 10등급의 대출이자율 차이는 15% 정도다. 기준 금리가 2% 미만인 것을 고려하면 실로 어마어마한 차이가 아닐 수 없다. 이 차이는 곧 자본주의 시스템에서의 경쟁력 차이를 의미한다. 다행이라면, 신분 세탁이 불가능에 가까웠던 조선 시대와는 달리 현대 자본주의 사회에서는 신분을 업그레이드시키는 것이 가능하다는 것이다.

휴대전화 요금이나 공과금을 밀리지 않고 납부한다든지 학자금 이자를 연체하지 않는다든지 하는 작은 노력에서부터, 주거래 은행을 효과적으로 이용하는 것까지 여러 가지 방법이 있다. 요즘에는 모바일 애플리케이션을 통해 무료로 신용등급을 조회하고 관리할 수도 있으며, 신용등급 향상을 위한 다양한 노

자본이 되는 돈

하우도 손쉽게 얻을 수 있다.

끊임없는 자기계발을 통해 연봉을 올리는 것이나 저축을 통해 목돈을 마련하는 것, 주식에 투자해 배당을 받는 것만이 경제적 자유를 얻는 방법은 아니다. 자본주의 금융 시스템이 어떻게 동작하는지를 주의 깊게 관찰하고, 이를 효과적으로 이용할 수 있는 방법은 없을까 연구하며 준비하는 것만으로도 시작점으로서 충분하다.

우리 아이들도 은행에서 좋은 고객등급을 받고 대우받았으면 좋겠다는 생각이 들었다. 이를 위한 준비로 아이들 명의의 통장을 개설해, 네 아이의 통장에 1,000원씩을 입금했다. 총 4,000원의 투자로 거래 기간 항목에서 20년 후 아이들이 얻게 될 점수는 각 200점이다. 1년당 10점이 올라가는데, 이는 3개월 이상 5,000만 원가량의 정기예금을 예치해야 얻을 수 있는 점수다.

내가 말한 신분 상승을 위한 작은 관심과 준비라는 것이 바로 이런 것이다.

부자를 위한 서민 금융

투자수익을 극대화하기 위해서는 내 돈뿐 아니라 남의 돈, 즉 레버리지 역할을 하는 은행의 돈이 필요할 때가 많다. 이는 대출이라는 형태로 수급할 수 있는데, 대출 이자비용을 줄이는 건 수익률을 높일 수 있는 투자의 기술 중 하나라고 할 수 있다. 앞서 말했듯, 은행에서 좀 더 낮은 이자율로 대출받기 위해서는 높은 신용등급과 은행 고객등급의 조건을 갖추어야 한다. 하지만 처음부터 단기간에 그 조건들을 갖추기란 쉽지 않으므로, 또다른 대출의 기술도 고려해 봐야 한다.

시중의 은행은 크게 두 가지로 분류할 수 있다. 흔히들 제1금융권 은행과 제2금융권 은행이라고 부른다. 먼저 제1금융권 은행은 우리가 잘 알고 있는 국민은행, 신한은행, 우리은행, 기업은행처럼 상호 뒤에 '은행'이라는 이름이 붙여진 곳들이다. 그리고 제2금융권 은행에는 농협, 축협, 수협, 신협 같은 협동조합과 OK저축은행, 웰컴저축은행 같은 상호저축은행, 한화손해보험, 삼성화재, 신한생명 같은 보험사가 해당한다. 이 다양한 금융기관들은 이름만 봐도 대략 구분할 수 있는데, 상호에 'O협'이라든가 'OO저축은행', 'OO보험', 'OO생명' 그리고 'OO화재' 같은 명칭이 들어가 있다면 제2금융권 은행일 가능성이 크고, 단순히 'OO은행'이라고만 되어 있다면 제1금융권 은행일 가능성이 크다.

한때 나는 농협중앙회에서 운영하는 NH농협은행과 NH강서농협 같은 단위, 지역 농협이 같은 디자인의 브랜드를 사용하고 있어서 같은 은행인 줄 알았다. 국민은행 합정역 지점처럼 본점과 지점이라고 착각한 것이다. 물론 NH농협은행도 각 지역에 지점을 가지고 있지만, '은행'이라는 타이틀이 따라붙지 않는 단위, 지역 농협들과는 본질적으로 다른 은행이라고 생각하면 된다. NH농협은행에서는 대출을 거절당했는데 NH강서농협에서는 대출이 가능하다는 연락을 받고 신기해했는데, 그이유는 두 은행이 그냥 다른 은행이기 때문이었다. 이와 유사하게, 신한은행과 신한저축은행도 각각 제1금융권 은행과 제2금융권 은행으로 다르다. 같은 브랜드를 사용하고 있다고 해서 같은 은행으로 착각하면 문제가 생길 수 있으니 주의가 필요하다. 제1금융권 은행들은 튼실한 재무구조를 바탕으로 부실이나 부도의 위험성이 작지만, 제2금융권 은행들은 규모도 작고 부도의 위험성도 상대적으로 크므로 그 특성을 미리 알고 있어야 효율적으로 이용할 수 있다.

은행의 금융상품은 예금상품과 대출상품 딱 두 가지뿐이라 생각해도 될 만큼 단순하다. 물론 은행에서 펀드나 보험 같은 투자상품도 판매하고 있지만, 이는 증권사나 보험사의 상품을 대리하여 판매하는 것일 뿐, 은행 고유의 상품이 아니다. 은행은 고객에게 예금을 받고 이를 또 다른 고객에게 대출해 주는 방식으로 수익을 창출한다. 예금 고객에게는 2%의 이자를 주고, 대출 고객에게는 4%의 이자를 받는다면 은행의 수익이 2%가 된다. 이를 '예대마진'이라고 부르는데, 은행의 가장 대표적인 수익 모델이라고 생각하면 된다.

마침내 고객등급을 올려 은행의 VIP가 된 후 은행을 방문했다. 청원 경찰이 안내하는 대기 번호표 발급기를 가볍게 지나친 나는 그동안 금단의 영역처럼 보였던 은행 VIP 라운지의 문을 당차게 열어젖혔다. 경제적 자유를 얻고 나서 시간은 더 많아졌는데, 은행 대기시간은 오히려 줄어드는 아이러니함이라니! 자본주의는 돈 없는 사람에게는 가혹하지만 돈 있는 사람에게는 더없이 친절한 것 같았다. 은행에 함께 갔던 아들 녀석이 물었다.

"아빠, 은행 VIP가 되면 뭐가 좋은 건데?"
"은행에 사람들 엄청 많은 것 봤지? 그런데 우리는 줄도 서지 않고 바로 VIP 라운지에 가서 은행 일을 볼 수 있었잖아."
"그게 전부야?"

은행 VIP가 되면 무언가 대단한 혜택이라도 있을 줄 알았던 아들 녀석은 실망스럽다는 표정을 지었다. 일반 고객이었다면 조금 전 발급받은 OTP 인증기와 현금카드 재발급 수수료로

5,000원 정도를 부담해야 했겠지만, VIP 고객이라는 이유로 모두 면제를 받긴 했다. 하지만 내가 매월 은행에 대출이자로 지급하고 있는 금액을 생각하면, 이는 해변의 모래 알갱이 수준에 불과한 게 사실이었다.

"내가 비밀 하나 알려줄까?"

'비밀'이라는 말에 아들 녀석의 눈이 반짝였다.

"무슨 비밀?"
"우리나라에는 진짜 은행과 가짜 은행이 있어."

나는 제1금융권 은행과 제2금융권 은행을 아이가 알아듣기 쉽게 표현했다. 금융 지식이라는 것이 원래 어렵고 복잡하게 보이므로 아이에게 가르쳐줄 때는 최대한 자극적이고 재미있게 설명해 줘야 관심을 끌 수 있다는 걸 경험적으로 알고 있기 때문이었다. 내가 투자 자금을 '노예'라고 표현하게 된 것도, 아이들이 동화책에서나 보던 '주인과 노예'라는 개념을 흥미로워했기 때문이었다.

"정말로 가짜 은행이 있어?"

작전은 성공한 듯 보였다.

"돈을 많이 벌 수 있는 일이 생겼는데, 일할 노예가 부족하면 어떻게 해야 한다고 했지?"

"그야 은행에서 노예를 빌려다 쓰면 되지."

"그럼 은행이 자기네랑 친한 사람한테 노예들을 잘 빌려줄까 그렇지 않은 사람한테 잘 빌려줄까?"

"당연히 친한 사람한테 잘 빌려주겠지."

"바로 그거야! 그 은행의 VIP 고객이 되었다는 건 은행이 자신과 친한 사람이라고 인정해 준 것과 같아. 은행은 친한 사람에게는 더 많은 노예를 빌려주면서도 그 대가는 적게 받는데, 친하지 않은 사람에게는 노예를 많이 빌려주지도 않으면서 그 대가는 오히려 많이 받아. 예를 들면, 노예를 1억 명 빌려줄 때 VIP 고객한테는 한 달에 30만 원만 받으면서, 일반 고객한테는 60만 원을 달라고 하지."

"그래? 그건 알겠는데, 아빠가 아까 말한 그 가짜 은행이란 건 뭔데?"

아들 녀석의 관심을 제대로 끈 것이 확실했다.

"사실 어떤 사람들은 노예조차 빌릴 수가 없어. 진짜 은행들
은 노예를 빌려줄 때 무척이나 까다롭게 굴거든. 그래서 그들은
가짜 은행에서 노예를 빌려다 쓰는 거야."
"가짜 은행이 어딘데?"
"너 TV에서 'OO저축은행~'이라는 광고 본 적 있지?"

나는 OO저축은행의 친숙한 로고송을 불러주었다. TV만 켜
면 나오는 그 노래를 아들 녀석이 모를 리 없었다.

"응 알아! 그런데 그 은행이 가짜 은행이었어?"

아들 녀석은 마치 'I am not your father(사실은 내가 네 친아
버지가 아니다)'라는 고백을 들은 것처럼 놀라며 내게 되물었다.

"그래 맞아. 그 은행은 사실 진짜 은행이 아니라 가짜 은행이
야. 진짜 은행에서 돈을 빌리는 것이 불가능한 사람들은 어쩔
수 없이 가짜 은행에 가야 하는데, 만약 1억 원을 빌린다면 한

달에 300만 원을 이자로 내야 해. 진짜 은행과 비교하면 10배나 더 내야 하는 거지."

아들 녀석이 놀랍다는 듯 말했다.

"VIP라는 게 진짜 좋은 거구나. 가짜 은행에는 절대로 가면 안 되겠네."

"그런데 놀라운 사실을 하나 더 알려줄까?"

"웅! 뭔데?"

"그 가짜 은행에 우리가 노예를 빌려주면, 진짜 은행보다 돈을 더 많이 준다!"

"정말? 얼마를 주는데?"

"1억 원을 주면 매월 50만 원을 줘."

아이가 알아듣기 쉽도록 고금리를 제시했다.

"가짜 은행은 부자들이 가져다준 1억 원에 대한 대가로 매월 50만 원을 주는데, 그 1억 원을 다시 가난한 사람들에게 빌려주면서 매월 300만 원을 받는 거지."

"와! 대단하네. 가짜 은행은 좋겠다!"

"그런데 잘 생각해 봐. 아까 아빠가 진짜 은행에서 VIP 고객이 1억 원을 빌리면 은행에 얼마를 줘야 한다고 했지?"

"한 달에 30만 원?"

"그럼 네가 만약 진짜 은행에서 빌린 그 1억 원을 가짜 은행에 빌려주면 얼마를 받을 수 있겠어?"

"한 달에 50만 원!"

"그럼 너는 한 달에 얼마를 벌 수 있게 되는 걸까?"

"20만 원?"

아들 녀석의 눈이 갑자기 휘둥그레졌다. 내 말을 제대로 이해했다면 방금 황금알을 낳는 거위를 발견한 기분이었을 것이다. 안타깝게도 이 사례가 현실에서는 실제로 일어나기 힘든 일이기는 하다. 하지만 정부가 지원하는 저금리 은행 대출자금을 저축은행의 고금리 특판 예금에 넣는다면 가능할 법도 하다.

내가 아이에게 설명한 가짜 은행, 즉 제2금융권의 은행들은 '서민 금융'이라 불리며 까다로운 심사 조건으로 문턱이 높은 제1금융권의 은행에서 대출받기 힘든 서민들을 위한다는 명분으로 만들어졌다. 하지만 사실 대부업체가 저축은행으로 탈바꿈해 영업하는 등 연 이자율 20%가 넘는 고금리로 서민들의 등골을 휘게 만들기 일쑤다. 은행의 탈을 쓴 사채업자들이라고 해도 과언이 아닌 것이다. 하지만 부자들에게 제2금융권 은행은 좋은 파트너가 된다. 서민들에게 워낙 고금리의 대출이자를 받다 보니 부자들에게도 높은 예금이자를 지급하는 것이 가능한 구조이기 때문이다.

결국 서민 금융사들은 서민보다는 오히려 부자에게 더 유익한 은행이라 할 수 있다.

집은 살 곳인가,
살 것인가?

    초등학교 때 우리는 인간생활의 세 가지 기본 요소에 대해 배웠다. 옷 '의衣', 먹을 '식食', 살 '주住'가 그것이다. 과거와는 달리 현대사회에서는 먹을 것을 구걸하고 옷을 빌려 입는 일이 그리 흔하게 발생하는 건 아니다. 다만 인간생활의 기본 요소 중 하나인 '주', 즉 집은 다르다. 실제로 많은 사람이 다른 사람의 집을 빌려서 사용하고 있기 때문. 물론 가격이 비싸기 때문이라는 반박 불가의 강력한 이유가 있긴 하지만, 집을 구매할 수 있는 충분한 자금력이 있음에도 그냥 월세나 전세를 고집하는 사람도 적지 않다. 무엇이 맞는 것일까? '살live' 집을 꼭 '사야buy' 하는 것일까? 이에 대해서는 합리적인 판단이 필요하다.

　자동차는 인간생활의 기본 요소가 아니며, 여행이나 영화 관람 또한 그러하다. 이러한 관점에서 본다면, 기본 요소가 해결되지 않은 상태에서 하는 모든 소비 행위들은 사치라고 해도 무방할 것이다. 나는 월세나 전세로 거주하고 있는 후배들에게 '실거주용 집'은 꼭 사야 한다고 말한다. 그때마다 돌아오는 가장 흔한 대답은 "돈이 없어요"다. 사실 이와 같은 대답이 나오리라는 걸 이미 예상하고 꺼낸 이야기이므로 나는 자연스럽게 미리 준비해놓은 다음 이야기를 이어간다. "그럼 대출을 받아야지!" 그다음 대답도 대부분의 경우 판에 박은 듯 비슷하게 흘러가게 마련이다. "대출받아서 집을 샀다가 하우스 푸어가 되거나 집값이 내려가면 어떡해요?" 그때 내가 꺼내는 이야기가, 내가 어떻게 첫 번째 집을 사게 되었는지다.

　사회초년생 시절, 나는 피치 못할 사정으로 3,000만 원이라는 적지 않은 카드빚을 지게 되었다. 그때 살고 있던 원룸의 보증금 2,000만 원이 내가 가진 전 재산이었으니, 순자산은 마이너스인 셈이었다. 이른바 '카드 돌려막기'로 하루하루를 근근이 버텨가던 내게 한 가지 사실만은 더욱 확실해졌다. 연 이자율 25%에 육박하던 카드빚을 하루빨리 해결하지 않는다면, 그 굴레에서 절대 벗어날 수 없을 것이라는 점이었다. 박봉의 사회초년생에게 월 70만 원의 이자비용은 정말이지 크나큰 부담이 아닐 수 없었기 때문이다.

이러한 상황에서 내가 생각해낸 해결책은 '집을 사는 것'이었다. 빚을 해결하기 위해 집을 산다니, 이상하고 황당하게 들릴 것이다. 상황은 이러했다. 당시 은행들은 고객이 집을 사기 위해 대출을 받을 경우, 연 5% 정도의 이자로 집값의 80% 정도를 빌려주고 있었다. 그래서 나는 방 3개짜리 신축 빌라를 1억 원에 매입하기로 하고, 은행 대출금 8,000만 원에 기존 원룸의 보증금 2,000만 원을 더해 잔금을 치렀다. 그리고 지방에서 낡고 오래된 방 2개짜리 빌라에 사시던 부모님께 연락해, 서울에 있는 방 3개짜리 새집에 살게 해드리겠다고 제안했다. 부모님은 고향 집을 보증금 3,000만 원, 월세 30만 원에 임대한 뒤, 카드빚을 갚으라며 그 보증금을 내게 빌려주셨다.

결과적으로 원래 3,000만 원이던 빚이 8,000만 원으로 늘어났지만, 주택담보대출 8,000만 원의 연 이자율이 5% 정도였기에 내가 한 달에 부담해야 하는 이자비용은 33만 원으로 줄어들었다. 25%에 이르는 카드빚 이자로 매달 70만 원을 지출하다가 이제 30여만 원만 지출하면 되는 것이었다. 사실 이는 나의 부모님에게도 괜찮은 비즈니스였다. 더 넓고 깨끗한 서울의 새집에서 살게 된 것은 둘째 치더라도, 전에 없던 임대료 30만 원을 매월 챙길 수 있게 되었으니 말이다. 그리고 몇 년 후, 그 신축 빌라의 가격은 2배 이상 올랐고 모두에게 행복한 거래가 되었다.

이것이 바로 레버리지의 힘이다. 수익 증대를 위해 차입자본, 즉 부채를 끌어다 자산 매입에 나서는 것이 레버리지 투자 전략이다. 카드빚은 그저 소비에 따른 부채에 불과했지만, 주택을 구입하기 위해 진 부채는 자산 투자의 역할을 하게 된 것이다.

'집은 사는buy 것이 아니라, 사는live 곳'이라는 말이 있다. 하지만 나는 '집은 살기live 위해 사야buy 하는 곳'이라고 이야기한다. 로버트 기요사키는 그의 유명한 저서《부자 아빠 가난한 아빠Rich Dad Poor Dad》에서 집은 자산이 아니라 부채라고 말했는데,

부동산 투자로 부를 축적한 그가 집에 대해 그렇게 이야기한 건, 자신이 살고 있는 집은 임대료 같은 수익이 발생하는 것이 아니라 오히려 이자와 관리비 등의 지속적인 비용이 발생하기 때문이다. 다만, 집을 소유하는 데 소요되는 비용이 집을 빌려 쓰는, 이를테면 월세 비용이나 전세 비용보다 적다면 충분한 경제적 가치가 있다. 전세는 월세에 비해 상대적으로 비용이 적게 들어간다고 생각할 수 있지만, 전세보증금이 묶여 있는 동안의 기회비용과 전세가격의 상승, 계약 기간 만료에 따른 이사 비용 등을 생각해보면 그리 적은 비용은 아닐 것이다.

인플레이션은 화폐가치를 하락시킨다. 물가상승률 2%만 적용해도, 저축으로 모아놓은 1억 원은 20년 후 6,000만 원 정도의 가치로 떨어진다. 하지만 똑같은 인플레이션으로 인해 현시점 1억 원짜리 집은 20년 후, 1억 5,000만 원이 된다. 하우스 푸어가 되면 대출금을 갚기 위해 소비에 제한적인 상황에 처하게 되지만, 한편으로는 집이라는 자산에 강제적으로나마 돈을 투자하게 되는 것으로 생각할 수도 있다.

여기까지 설명을 들은 후배는 마지막으로 남은 한 가지 의문에 대해서도 내가 해결해 주길 원한다. 바로 '집을 샀다가 집값이 내려가면 어떡하느냐?' 하는 것이다. 이에 대한 대답은 의외로 간단하다. 집은 사람이 살아가는 데 꼭 필요한 요소이고, 이를 사는 데 소요된 비용이 사는 곳에 쓰이는 비용으로 결정되면, 그것의 가격이 오르든 떨어지든 큰 관계가 없어진다. 이는 마치 당신의 생존에 필수적인 '심장'의 가격이 내려갔다고 해서 괴로워할 필요도, 올랐다고 팔아버릴 수도 없는 것과 같다. 투자 대상으로서의 집은 가격의 등락이 중요한 요소가 되지만, 실거주 목적으로서의 집은 그것을 팔기 전까지는 자산이 아닌 비용이므로 가격의 등락에 예민할 필요가 없는 것이다.

결론은 하나다. 경제적 자유를 위해서는 의식주 해결이 필수적으로 선행되어야 한다.

불가능한 것을 얻으려면
불가능한 것을 시도해야 한다.
– 미겔 데 세르반테스Miguel de Cervantes Saavedra,
스페인의 문호이자 《돈키호테》의 작가

66

장사의 시작은
점포 임차가 아니다

99

 .

    몇 해 전, 동네 시장 한편에 작은 칼국수 집을 열었던 적이 있
다. 당시에 나는 직장에 다니고 있던 터라 시간적 여유가 없었
고, 집에 계시던 어머니와 아버지에게 소일거리 삼아 식당을 운
영해 보면 어떨지 제안했던 것이다. 마침 무료한 일상을 보내
고 계시던 부모님이 흔쾌히 수락한 덕분에, 내 생애 첫 자영업
이 시작됐다.

    나는 점포 임차 보증금과 초기 세팅에 필요한 자금을 투자했
다. 인테리어와 주방 집기 등에 들어가는 투자비용을 최소화하

기 위해, 직접 가게를 꾸미고 집기 대부분을 중고 커뮤니티에서 조달했다. 부모님에게는 매출에서 비용을 제외한 순익 중 일부를 월급 형태로 배분하기로 했다. 가족 사이에서만 가능한 특수한 계약조건이다 보니, 투자가의 역할을 담당한 내 입장에서는 상당히 좋은 조건이었다.

처음 몇 개월간은 이른바 '오픈 빨'이 먹혔는지, 부모님과 나에게 모두 나쁘지 않은 수익이 돌아왔다. 하지만 시간이 지날수록 매출이 줄어들고 그에 따라 수입도 눈에 띄게 줄어들기 시작했다. 다행히 마이너스의 수준까지는 가지 않았지만, 부모님이 들이는 시간과 노력을 생각하면, 턱없이 부족한 수입이었다.

1년의 임대차 계약 만료 기한이 다가올 무렵, 급기야 부모님은 폐업을 요구했다. 이 정도의 수입이라면 그냥 다 내려놓고 마음 편히 놀러나 다니는 게 낫겠다는 이야기와 함께. 내 입장에서는 별다른 노력 없이 그리 나쁘지 않은 투자수익을 내고 있었기에 아쉬운 점이 많았다. 하지만 더는 부모님을 힘들게 하고 싶진 않아서 최종적으로 폐업을 결정했다.

내 인생 최초의 자영업이 왜 실패로 끝날 수밖에 없었는지를 분석해 보았다. 실패의 원인 중에는 어느 정도 경제적으로 여유가 있던 부모님이 그리 치열하게 노력하지 않은 탓도 있을 것이다. 하지만 실패에 가장 큰 역할을 한 건 '비싼 임차료'였다. 건물주는 칼국수가 잘 팔리든 말든 임대료 수익으로 월 100만 원을 가져가기에 연간 1,200만 원의 수익을 창출할 수 있다. 또 투자가 혹은 은행의 역할을 했던 나 역시 투자 대비 수익률로만 따지면, 실패가 아닌 오히려 성공적인 투자였다고 할 수 있다. 매월 장사를 통해 얻은 투자이익뿐 아니라 중고로 구매했던 집기들을 되파는 과정에서 추가 수익까지 챙겼다. 중고로 구입할 당시부터 '비합리적 가격', 즉 워낙 싼 가격에 구매한 물건들이었기에 1년이 지났는데도 오히려 더 비싼 가격에 되팔 수 있었던 것이다.

시간과 노동력 투입 대비 적정한 수익을 챙기지 못한 나의 부모님은 월급쟁이이자 자영업자였고, 나와 건물주는 각각 투자가와 사업가였다. 부모님과 건물주 그리고 투자가였던 나 이렇게 셋은 한배를 타고 함께 동업하는 관계였지만, 결론적으로 한쪽은 손해를 보고 나머지 둘은 수익을 챙겼다. 생각해 보았다.

만약 부모님이 스스로 투자가의 역할을 했다면 어땠을까? 만약 부모님이 건물주의 수익을 챙길 수 있었다면?

그 일이 있고 난 뒤, 대출을 받아 점포를 빌려서 자영업을 하겠다는 지인이나 후배 들을 만나면 나의 경험담을 들려준다. 그리고 자영업의 시작은 은행 대출과 점포 임차가 아니라, 자본 마련과 점포 매입이어야 한다고 조언하곤 한다. 대출을 받아 점포를 빌리더라도 장사가 잘되기만 하면 되는 것 아니냐고 반문할 수 있다. 하지만 모든 임대차 계약에는 기한이 존재할 수밖에 없고, 그 계약 기간이 종료되면 그동안 축적한 단골손님과 각종 가치를 모두 잃게 될 수도 있다. 나의 부모님이 그랬듯, 열심히 일해서 번 수입 대부분을 은행과 건물주에게 나누어준다면 실패할 가능성 역시 더 커질 테고 말이다.

월 임대료가 100만 원인 점포의 매입가격은, 임대수익률을 연 6%로 산정할 경우 약 2억 원 정도라고 볼 수 있다. 만약 2억 원을 연 3%의 이자로 대출받아 점포를 구매한다면, 임차료 대신 지출해야 하는 이자비용은 50만 원 정도다. 임차할 경우 발생하는 비용을 절반으로 줄일 수 있다는 이야기다. 혹시 1년 후

폐업을 결정하게 되더라도 구매한 점포의 월 임대료로 100만 원의 수익을 창출할 수 있고, 때에 따라서는 1년간 축적한 고객들과 이미 설치한 집기들을 권리금의 명목으로 수익화할 수도 있을 것이다. 물론 점포의 시세나 임대료가 하락할 리스크도 있다. 하지만 반대로 점포의 시세나 임대료가 상승할 가능성도 무시할 순 없다. 맥도널드의 창업자 레이 크록이 "맥도널드는 요식업이 아닌, 부동산업을 하고 있는 것"이라고 말한 것과 비슷한 개념으로 말이다.

　자영업의 짧은 경험과 고찰 이후 나는 더 이상 자영업에 대한 매력을 느끼지 못하게 되었다. 자영업자는 월급쟁이의 안정성과 투자가의 자유 그중 어떤 것도 갖지 못하는 애매한 영역에 있다는 생각이 들었기 때문이다. 물론 자영업도 '투자 자본 마련'이란 목적에서 본다면, 월급쟁이가 월급을 얻기 위해 매일 출·퇴근을 하며 일하는 것처럼, 종잣돈 마련을 위해 택해야 하는 부득이한 수단 중 하나가 될 수 있다. 또 성공한 자영업자는 월급쟁이의 월급과는 비교도 안 될 만큼 엄청난 돈을 더 빠르게 벌기도 한다. 하지만 그 안정성과 성공 가능성에서는 월급쟁이의 고정적인 월급의 가치에 크게 미치지 못한다는 것이 부정할 수 없는 현실이다.

만약 지금 자영업을 하고 있다면, 하루빨리 내 소유의 점포에
서 안정적인 사업을 할 수 있도록, 임대차계약을 매매계약으로
변경할 수 있는 계획을 세워보기 바란다. 나는 이러한 개인적 깨
달음을 아이들에게 알아듣기 쉽고 간결하게 가르쳐주었다.

"장사를 하려거든, 먼저 점포를 사야 한단다."

5장

돈 버는
돈

66

내가 하면 투자,
남이 하면 투기

99

. . .

어느 화창한 봄날, 한 마을에 쥐꼬리를 아주 비싼 가격에 사겠다는 장수가 나타났다. 몇몇 사람들은 반신반의하며 쥐를 잡아 그 꼬리를 잘라서 쥐꼬리 장수에게 팔았다. 그 소식을 전해 들은 마을 사람들이 너도나도 쥐를 잡기 시작하자, 지금까지는 아무 쓸모도 없었던 쥐의 꼬리가 높은 가치의 재산처럼 여겨졌다.

마을 쥐의 숫자가 줄면서 예전만큼 쥐를 잡기가 어려워진 마을 사람들은 쥐꼬리 장수에게 이제 쥐가 너무 귀해졌으니 쥐꼬리 가격을 올려달라고 요구했다. 쥐꼬리 장수 역시 쥐꼬리는 그럴 만한 가치가 충분히 있다며 가격을 올리는 데 동의했다. 그러면서 더 많은 돈을 마련해올 테니 한 달만 기다려달라고 하면서 마을을 떠났다.

많은 돈을 벌 수 있다는 희망에 부푼 마을 사람들은 환호하면서 쥐를 잡는 데 더욱 혈안이 되었다. 시간이 지나자 이웃이 구해놓은 쥐꼬리를 훔치는 사람은 물론, 아예 웃돈을 주고 쥐꼬리를 사고파는 사람들까지 생겨났다. 사람들은 생업까지 제치고 쥐를 잡는 데 온 힘을 기울였다.

그때 마침 마을에 쥐덫 장수가 들어왔다. 더욱 쉽게 쥐를 잡을 수 있을 거란 사람들의 기대에 힘입어, 쥐덫은 날개 돋친 듯 팔려나갔고 그렇게 쥐덫 장수는 큰돈을 벌어 마을을 떠났다. 마을 사람들은 그렇게 잡은 쥐의 꼬리를 한가득 모아두고 쥐꼬리 장수가 돌아오기만을 하염없이 기다렸다. 하지만 여러 날이 지나고 달이 지나며 여러 해가 지나도 그는 영영 돌아오지 않았다.

■ ■ ▫

이 이야기는 인간의 탐욕으로 인해 어떻게 투기가 벌어지는

지 보여주는 것과 동시에, 이른바 '꾼'들이 인간의 나약한 심리를 이용해 그들의 돈을 어떻게 빼앗아가는지를 잘 설명해 준다. 쥐꼬리 장수와 쥐덫 장수가 한패라는 건, 굳이 설명하지 않아도 눈치챘을 것이다. 최근 우리나라를 크게 뒤흔들었던 가상화폐 투기도 쥐꼬리 이야기와 같은 맥락에 있다. 도박이 카지노에서만 행해지는 것은 아닌 것이다.

'내가 하면 투자고 남이 하면 투기'라는 말처럼, 투자와 투기는 그 경계가 매우 모호하다. 어떤 사람들은 "투자면 어떻고, 투기면 어때? 돈만 벌면 되지!"라고 말한다. 가치가 있는 금을 사면 투자고 가상화폐처럼 아직은 그 가치가 입증되지 않은 디지털 재화를 사면 투기라고 말하는 이도 있다. 하지만 '투기의 끝판왕'이라는 데 아무도 이의를 제기하지 않을 도박을 경험해 본 나로서는 그 둘의 차이가 무엇인지 명확하게 알 수 있었다. 나는 투기와 투자는 '만약 손실이 발생할 때 그것을 감당할 수 있느냐 아니냐'로 구분할 수 있다고 생각한다.

1조 원의 재산을 가진 자산가에게 있어 가상화폐에 투자한 1,000만 원은 단순히 호기심 때문에 시도해 볼 수 있는 별것 아닌 금액이 된다. 그 누구도 이를 두고 위험한 투기 행위라고 비난하지 않을 것이다. 하지만 쳐저인금으로 근근이 생세를 유지하던 사람이 평생 모은 전 재산 1,000만 원을 가상화폐에 투자하겠다고 말한다면, 주변의 많은 사람이 걱정하며 뜯어말리지 않겠는가? 그 돈 전액을 S 전자에 투자한다고 해도 그것은 투기인 것이다.

나는 아무리 리스크가 큰 도박을 하더라도 내가 가진 전체 자산에 한참 못 미치는 금액, 바꿔 말해 없어져도 감당할 수 있는 금액으로 자산을 증식시킬 수 있다면, 이를 투기가 아닌 투자로 볼 수 있다고 생각했다. 그리고 실제로 이를 통해 투자처럼 일정한 수익을 실현했다. 문제는, 많은 사람이 사회적으로 투자 대상으로 인정하는 주식을 살 때는 자신의 자산 상황을 전혀 고려하지 않은 채 투기를 하면서, 이를 투자라고 착각한다는 것이다.

나의 지인 중 한 명은 분기에 한 번씩, 1년에 단 네 번만 2박 3일의 짧은 일정으로 해외 카지노에 방문한다. 월급쟁이인 그는 자신이 받는 3개월간의 급여 중 1개월분의 급여를 도박에 베팅한다. 나와는 다르게, 무척이나 공격적으로 플레이하는 그는 돈을 많이 땄을 때는 1개월 치 월급으로 1년 치의 연봉을 딴 적도 있고, 돈을 잃었을 때는 1개월 치의 월급을 모두 날리기도 했다. 말 그대로, 그는 '모 아니면 도'라는 마음가짐으로 도박에 임하는 것이다. 중요한 것은, 이처럼 공격적인 플레이를 하는데도 그의 현재 수익률이 플러스라는 점이다. 이 놀라운 결과는 그가 자신이 정해둔 원칙을 단 한 번도 어기지 않았기에 가능했다. 그는 미리 정해놓은 금액만큼의 돈을 모두 잃더라도 이를 회복하기 위해 도박을 더 하는 법이 없었고, 1년에 딱 네 번만 카지노에 간다는 원칙 또한 아직까지 어기지 않고 있다. 모두가 위험하다고 생각하는 도박판에서도 '손실을 감당할 수 있을 만한 돈'만 이용한다면 큰 위험을 피할 수 있다는 걸 입증해가고 있는 것이다.

'주식으로 전 재산을 날렸다'라는 말은 그 자체만으로도 그가 투자가 아닌 투기를 했다는 의미다. '투자는 잃어도 될 만한 여유자금으로만 해야 한다'라는 말도 사실 잘못됐다. 잃어도 될 만한 돈은 애초에 존재하지 않는다. 돈마다 쓰임새가 미리 정해져 있는 건 아니기에 그 어떤 돈도 소중하다. 그래서 나는 '잃어도 되는 돈'이라는 표현보다는 '잃어도 감당할 수 있을 만한 돈' 이라는 표현을 사용한다. 여기서 중요한 건, 감당할 수 있는 수 준을 괴로움이나 슬픔 같은 심리적 감정으로 정해서는 안 된다 는 점이다. 큰돈을 잃고도 의연할 수 있는 대범한 사람이 있는 가 하면, 적은 돈을 잃고도 심리적으로 감당이 안 되는 소심하 고 예민한 사람도 있다. 따라서 잃어도 감당할 수 있는 수준을 금액으로 정해두는 게 좋다.

내 경우 만에 하나 잃어도 감당할 수 있을 정도의 돈은 총 자 산의 10%를 넘지 않는 범위로 정했다. 실거주용 부동산이나 예·적금 등의 총 순자산이 1억 원이라면, 수익형 부동산과 주식 등에 투자할 때 잃더라도 감당할 수 있는 돈은 1,000만 원 정도 인 것이다. 사실 이 비율은 개인의 투자 성향과 어떤 위험도를 가진 투자 상품에 투자하느냐에 따라 달라질 수 있다. 본격적으 로 투자를 하기 전, 미리 정해두고 이를 지키는 것이 현명하다.

일상 속
돈 버는 기회들

"

. . .

잠에서 깬 나는 일어나 주방으로 향했다. 냉장고 문을 열었다. 먹다 만 사이다를 꺼내 한 모금 들이킨 후, 집안에 다른 먹을 만한 것이 있는지 주위를 살펴보았다. 라면과 즉석 카레 외에 별다른 건 보이지 않았다. 참치캔이라도 하나 있었으면 좋았을 텐데 하며, 믹스 커피 한 잔과 담배 한 모금으로 아침 식사를 대신했다. 차를 타고 주유소에 들러 기름을 채운 뒤, 약속 장소인 백화점으로 향했다.

. . .

지금으로부터 약 20년 전인 1998년 어느 날 충분히 일어났을 만한 일이다. 누구나 한 번쯤은 겪었을 법한 극히 평범한 일상이라고 할 수 있다. 하지만 이 특별함이란 1도 없어 보이는 상황에 큰돈이 숨겨져 있었다는 사실을 아는 사람은 많지 않다. 이 일상에 숨겨져 있던 '커다란 기회'란 다음과 같다.

■ ■ ■

잠에서 깬 나는 일어나 주방으로 향했다. 냉장고(삼성전자) 문을 열었다. 먹다 만 사이다(롯데칠성)를 꺼내 한 모금 들이킨 후, 집안에 다른 먹을 만한 것이 있는지 주위를 살펴보았다. 라면(농심)과 즉석 카레(오뚜기) 외에는 보이지 않았다. 참치캔(동원산업)이라도 하나 있었으면 좋았을 텐데 하며, 믹스 커피(동서) 한 잔과 담배(KT&G) 한 모금으로 아침 식사를 대신했다. 차(현대차)를 타고 주유소(S-Oil)에 들러 기름을 채운 뒤, 약속 장소인 백화점(신세계)으로 향했다.

■ ■ ■

그 '커다란 기회'가 무엇을 뜻하는지 조금씩 감이 오기 시작했을 것이다. 그것은 많은 사람이 일상 속에서 쉽게 접할 수 있는 상품을 만들어내던 회사들과 그 주식을 가리킨다. 앞에 나열한 회사들의 가치를 미리 알아차리고 그 주식을 20년 전에 사

기업명	20년 전 주가	현재 주가	수익률
삼성전자	1,614원	41,850원	2,593%
롯데칠성	52,883원	1,464,000원	2,768%
농심	67,990원	251,000원	369%
오뚜기	24,700원	741,000원	3,000%
동원산업	1,620원	207,500원	1,280%
KT&G	36,800원	104,000원	283%
현대차	12,861원	107,000원	8,320%
S-Oil	11,500원	110,500원	961%
신세계	11,784원	291,000원	2,469%

두었다면, 지금 얼마의 수익을 올릴 수 있었을까?

20년 전인 1998년에 총 10개의 주식에 각각 10만 원씩 총 100만 원을 투자했다면, 현재 그 주식의 가치는 2,200만 원이 되어 있을 것이다. 무려 2,200%의 수익률, 22배의 수익이다. 1,000만 원을 투자했다면 2억 2,000만 원이 되었을 것이고, 1억 원을 투자했다면 22억 원이 되어 있을 거라는 이야기다.

물론, 이 이야기가 현재까지 잘 성장해온 회사들만 나열한 다소 극단적인 사례라는 걸 부정하진 않겠다. 다만 이들이 하나같이 우리 일상 속에서 스쳐 지나가기 쉬운 대단히 친숙한 상품들을 만들어낸 회사라는 점에 주목할 필요가 있다. 인플레이션으로 인한 화폐가치 하락은 물가만 오르게 하는 것이 아니라, 기업의 가치도 오르게 한다. 상품과 서비스의 가격이 오른다는 건 기업의 매출을 상승시키는 일이고, 그에 따라 기업의 주가 역시 인플레이션에 자연스럽게 반응할 수밖에 없다. 시간이 아무리 흘러도 사람들이 늘 먹고 마시고, 사용하는 상품을 만들고 이와 관련된 서비스를 제공하는 회사일 경우에는, 그 반응이 더더욱 자연스럽다. 워런 버핏이 코카콜라와 맥도널드, 면도기를 만드는 질레트 같은 회사들의 주식에 오랜 기간 투자해 큰돈을 번 것은, 운이 아닌 전략이었음이 분명하다.

나는 돈 버는 기회가 결코 먼 곳에 있는 것은 아니란 걸 깨달았다. 그래서 마트에 가거나 TV를 보다가도 잘 만들어진 상품이나 좋은 서비스를 발견하면 그 상품과 서비스를 제공하는 회사의 주식을 살피는 버릇이 생겼다. 20년 후의 삼성전자나 현대차처럼 성장할 수 있는 회사가 아무도 모르게 꼭꼭 숨겨져 있을 가능성은 작을 거라고 생각하면서 말이다.

66

치킨을 튀길까,
치킨 회사를 살까?

99

'대한민국은 치킨 공화국'이라고 불릴 정도로, 우리나라의 치킨집은 과포화 상태에 있다. 굳이 복잡한 통계자료를 살펴볼 필요 없이 동네 주변만 산책해도, 치킨집이 이미 과당 경쟁 상태에 놓여 있다는 것을 알 수 있다. '치느님', '치맥' 등 치킨에 관한 신조어가 계속해서 탄생하고 치킨에 대한 수요도 상당하기에, 수요가 있는 곳에 공급이 있는 건 당연한 현상이다. 이런 현상이 중소기업 임원 출신 이사님이든 대기업 출신 부장님이든 치킨집 창업에 관심을 갖게 만드는 이유가 되는 것이다. 그런데 과연 치킨집을 창업하면 돈을 벌 수 있는 것일까?

동네 치킨집이든 프랜차이즈 치킨집이든 치킨집을 창업하면, 비용이 소요된다. 점포 임차에서부터 주방 집기 마련과 인테리어 그리고 식자재 구매까지 온통 돈 들어갈 곳 천지다. 막상 가게를 완벽하게 세팅한 후 운영을 시작하더라도 마케팅과 아르바이트 인건비, 공과금 등에도 또 비용이 발생한다. 초기 투자금 없이 치킨집 사장님이 되는 건 불가능하다는 이야기다.

우여곡절 끝에 여러 난관을 이겨내고 개장한 치킨집이 잘 운영된다고 하자. 이처럼 매출이 발생하더라도 또 다른 비용이 사장님을 기다리고 있다. 바로 프랜차이즈 본사에 수익의 일부를 나눠주어야 한다는 것이다. 동네 치킨집이라고 해서 그 비용을 완전히 절약할 수 있는 것도 아니다. 막대한 마케팅 덕분에 간판만 달아도 배달 주문 전화를 받을 수 있는 프랜차이즈 치킨집과는 달리, 동네 치킨집은 직접 전단을 들고 열심히 뛰어다니거나 배달 앱에 돈을 들여 광고를 걸어두어야 겨우 주문을 받을 수 있을 것이다.

치킨의 인기는 여전하고 또 앞으로도 그 수요가 줄어들 것 같지 않다는 확신이 생겼을 때, 즉 치킨 산업의 발전 가능성을 보고 치킨집을 창업해야겠다고 생각하는 사람은 중요한 한 가지를 놓치고 있는 것이 분명하다. 치킨 산업의 발전과 치킨집 성공이 과연 비례 관계에 놓여 있는 것일까?

앞에서 이미 언급했듯, 치킨에 대한 수요가 많은 만큼 치킨집 또한 너무 많다. 이는 치킨이 많이 팔려도 이 돈을 많은 수의 치킨집들이 나누어야 한다는 얘기가 된다. 결국 개별 치킨집들은 치킨 산업 발전의 열매를 오롯이 가져가지 못한다는 결론에 다다른다. 반대로 치킨이 많이 팔릴수록 그만큼 계속해서 돈을 버는 곳들도 있다. 바로 프랜차이즈 가맹본사와 그 회사에 닭고기를 공급하는 하림, 마니커, 체리부로 같은 회사다. 이들은 중소기업 이사님의 퇴직금, 대기업 부장님이 주택담보대출로 만든 매장에서 치킨이 팔릴 때마다 돈을 번다.

여기서 한 번쯤 생각해 봐야 할 것은, 과연 내 소중한 돈을 치킨집을 차리는 데 쓸 것인지 치킨 회사를 사는 데 쓸 것인지 하는 것이다. 치킨 회사를 어떻게 살 수 있는지 궁금한 사람이라면 치킨집조차 차리면 안 된다. 먼저 경제와 금융 그리고 자본주의에 관한 공부를 더 해야 치킨집을 창업하기 위한 막대한 투

자금도 지킬 수 있다는 의미이기 때문이다. 치킨 회사를 사는 일, 즉 치킨 관련 회사의 주식에 투자하는 것은 치킨집을 차리는 것과 비교하면 대단히 간단하고 쉽다. 직접 치킨을 튀길 필요가 없는 것은 물론, 앞에서 언급했던 막대한 투자금과 영업비용도 발생하지 않는다. 그저 주식을 사는 행위만으로 치킨 산업의 발전에 따른 이익을 고스란히 받아 챙길 수 있는 것이다.

그런데 이처럼 비교 불가의 메리트가 가득한 주식 투자를 사람들은 왜 힘들고 어렵고 위험하다고 생각하는 것일까? 그것은 주식 투자의 본질을 잘 모르고 있기 때문이다. 공부와 노력을 통해 주식 투자의 메커니즘을 이해한 사람이라면, 치킨을 튀기고 오토바이에 몸을 싣고 경쟁에 노출되는 위험보다 치킨 관련주에 투자하는 위험이 훨씬 작다는 것을 알고 있을 것이다.

이 글이 치킨 관련주에 투자하라는 이야기는 절대 아니다. 실제로 지금까지는 치킨 관련주들이 투자자들에게 매매 타이밍에 따른 단기적 이익은 가져다주었는지 몰라도, 장기적 투자에 따른 이익을 안겨주지는 못했음을 주가의 흐름이 보여주고 있기 때문이다. 하지만 미래에는 어떨지 모르는 일이니 말 그대로 투자 결정은 본인의 몫일 수밖에 없다.

　내가 전하고 싶은 메시지는, 치킨을 튀기는 것보다 치킨 관련 주식에 투자하는 것이 자본주의 사회에서는 훨씬 더 유리한 행위가 된다는 것이다. 골목상권을 지키라며 대형마트 앞에서 시위를 하는 사람들을 보면 이마트 주식에 관심을 가져봐야 한다. 터닝메카드 장난감을 사달라며 졸라대는 아이를 보면 손오공 주식을, 리니지 게임에 중독된 부하직원을 보면 엔씨소프트 주식에 관심을 가져야 한다. 실제로 나는 이러한 의식의 흐름을 따라 관련 주식들을 매수해 괜찮은 수익을 내기도 했다.

　자본주의는 월급쟁이와 자영업자에게 절대로 한 일 이상의 보상을 허락하지 않는다.

맛없는 점심은
무지의 대가

'백지장도 맞들면 낫다'라는 속담이 있는데, 또 '사공이 많으면 배가 산으로 간다'라는 속담도 있다. 도대체 어쩌란 말인가?

직접 주식 투자와 간접 주식 투자 방식인 펀드 사이에서 어떻게 투자해야 할지 고민하는 사람들은 결국, '비전문가인 나보다야 전문가인 그들이 더 낫겠지' 같은 안일한 생각으로 결론을 내린다. 스스로 전문가가 되겠다는 노력은 하나도 하지 않으면서 말이다.

은행원은 결코 고객을 위해 일하지 않는다. 그들은 그들의 주인, 곧 은행과 그 소유주를 위해 일할 뿐이다. 또한 그들은 금융상품을 소개하고 판매하는 직원일 뿐, 고객의 돈을 직접 투자하고 관리하는 사람은 따로 있다. 자산운용사라 불리는 회사의 직원들이 바로 그러한 일을 하는데, 그들 역시 고객을 먼저 생각하는 것이 아니라 그들의 회사와 소유주를 먼저 생각한다.

'바빠서', '복잡해서', 혹은 '귀찮아서' 같은 이유로 은행과 증권사, 보험사 등에 맡겨진 당신의 돈은 자산운용사를 거쳐 한 펀드매니저에게 간다. 부디 그 사람의 투자 실력과 운이 좋기만을 바라야 할 것이다. 사실 더 큰 문제는 따로 있다. 당신이 믿는 그 많은 전문가는 혹여 당신의 투자금이 손실을 보게 되더라도 각종 수수료와 사업비로 배를 채운다는 것이다. 주인의 배를 불리기 위해 일해서 어렵게 번 돈을, 나를 대신해 투자해 줄 누군가에게 맡겨 그들의 배를 채우는 행위가 바로 '펀드'라는 금융상품의 불편한 진실이다. 당신이 왜 당신의 소중한 돈을 투자할 때 바빠서, 복잡해서, 혹은 귀찮아서라는 이유를 대면 안 되는지에 대한 충분한 설명이 되었으리라 본다.

그렇다고 이 말이 펀드 같은 간접 투자 상품엔 절대 가입해서는 안 된다는 이야기는 아니다. 전문가만큼 투자에 대해 알지는 못할지라도, 자신의 자본이 어떤 과정을 거쳐 투자되고 수익을 올리고 그에 대한 대가를 당신과 누군가가 어느 정도의 비율로 나누게 되는지 정도는 체크할 수 있을 만한 금융 지식을 갖추고 있어야 한다는 것이다.

만약 당신이 집에서 직접 싼 점심 도시락을 회사에 가져가서 먹는 것보다 회사 근처 식당에서 밥을 사 먹는 것이 더 합리적이고 효율적이라고 생각했다면, 어떤 식당에서 점심을 사 먹는 게 가장 좋을지 고민할 것이다. 당신이 비록 짜장면이나 돈가스를 만드는 방법은 모른다 해도 어떤 식당이 더 친절하고 청결한지, 혹은 더 맛있고 가격이 저렴한지에 대해서는 자신의 경험이나 지인들을 통한 데이터로 충분히 체크할 수 있다. 즉, 음식을 만드는 것은 그 식당의 전문 조리사라고 해도 어떤 식당에 갈지는 당신의 선택이다. 그리고 몇 가지 체크만으로도 당신은 회사 점심의 질을 높일 수 있는 것이다.

같은 이유에서 펀드 투자도 마찬가지다. 당신이 전문가를 통해 투자하기로 한 펀드가 지수 연동형 펀드라면, 당신은 해당 지수의 흐름과 특성을 미리 파악해야 하고, 은행 뒤에 가려져 잘 보이지 않는 자산운용사의 투자 실적과 건전성은 물론, 수수료와 사업비로 얼마가 소요되는지 등을 꼼꼼하게 체크해야 한다. 그래야 투자의 질을 높일 수 있다.

힘들게 번 소중한 자산을 맡기면서 허술하게 체크하는 건, 바빠서도 귀찮아서도 아닌, '무지해서'일 가능성이 가장 크다.

위험은 자신이 무엇을 하는지 모르는 데서 온다.
– 워런 버핏

66
도박 같은 주식,
주식 같은 도박
99

재테크를 하기로 마음먹은 사람의 첫 번째 고민은, 어떤 대상에 투자할 것인가 하는 것이다. 대부분의 사람이 가장 쉽게 접근할 수 있는 대상은 주식이다. 나 역시 주식이 내 첫 투자 대상이었고, 많은 사람이 그러하듯 수익은커녕 적지 않은 손실에 실망하며 다시는 주식엔 투자하지 않으리라 다짐하기도 했다.

"10월은 주식 투자에 특히 위험한 달 중 하나다. 다른 위험한 달로는 7월, 1월, 9월, 4월, 11월, 5월, 3월, 6월, 12월, 8월 그리고 2월이 있다."

《톰 소여의 모험The Adventures of Tom Sawyer》을 쓴 미국 소설가이
자 사회 풍자가이기도 힌 마크 트웨인Mark Twain이 한 이 말은, 주
식 투자의 위험성을 가장 쉽고도 명확하게 표현한 말이다. 주식
투자로 쓰디쓴 실패를 겪은 후 주식은 도박과 같다며 절대로 해
서는 안 될 투자 대상이라고 여겼던 내가, 또 다른 투자 방식으
로 진짜 도박을 했다는 건, 지금에 와 생각해 보면 정말 웃기는
일이었다. 그렇다면 왜 내가 주식 투자는 도박과 같다며 다시는
하지 말아야겠다고 생각했으면서, 정작 도박은 꽤 괜찮은 투자
방식으로 생각했던 것일까?

   답은 간단하다. 바로 주식은 잘 모르는 상태에서 투자했고,
도박은 잘 알고 난 뒤 투자했기 때문이다. 나는 도박이 꽤 매력
적인 투자 방식이라는 생각이 들어 '블랙잭 게임'에 관해 연구
하기 시작했다. 게임의 규칙과 특성, '하우스 에지'라고 불리는
카지노의 수익 창출 구조의 개념부터 베팅 전략까지, 도박을 도
박이 아닌 연구의 대상으로 삼아 열심히 공부했다. 오랜 노력
끝에 블랙잭 게임에 대해 제대로 이해하고 알게 되었을 때, 비
로소 과거에 왜 내가 도박으로 손실을 보았는지 정확히 알 수
있었다. 그리고 마침내 도박을 통해 수익도 창출하게 되었다.

앞서 말했듯, 결국에는 채산성의 문제로 더는 도박을 투자의 수단으로 삼지 않기로 결정할 때에야, 나는 주식 투자에 대해서도 다시 생각할 수 있었다. 나에게 있어 도박은 잘 아는 것이었으나 주식은 잘 알지 못하는 것이었고, 도박으로 돈을 따기 위해서는 '도박을 도박같이 해서는 안 된다'는 걸 깨달은 후엔, 내가 주식 투자에 실패한 원인이 '주식 투자를 도박같이 해서였다'는 것도 알게 되었다.

도박은 미래의 결과를 전혀 예측하지 못한 상태에서 돈을 투자하는 것이다. 그래서 '카드 카운팅Card counting(카지노 게임에서 베팅 패턴 또는 전략을 변화하려고 순서대로 카드의 기록을 외우는 절차)' 같은 기술을 통해 그 예측이 불가능한 영역에서 최소한의 실마리를 찾아내고 베팅 전략을 통해 손실 리스크를 최대한 줄여나가는 방식을 이용한다. 하지만 주식은 도박과 다르다. 도박에 비하면 미래의 결과를 예측할 만한 근거들이 차고도 넘칠 만큼 많다. 하지만 그 근거들을 모르거나 이해하지 못하면 두 눈을 가린 채 돈 놓고 돈 먹는 도박과 다를 게 없는 것이다.

결국 과거 주식 투자에 실패했던 가장 큰 원인은 내가 주식에 대한 아무런 이해도 없이 무작정 뛰어들었기 때문이었다. 주식 투자는 말 그대로 회사의 가치에 투자하는 것이며, 회사의 가치 등락과 주가의 등락은 비례할 수밖에 없다. 따라서 회사의 가치를 읽어낼 줄 모른다면 주가의 등락 역시 예측할 수 없는 것이다. 회사의 가치는 재무제표를 통해서 드러난다. 주식시장에 상장하는 것을 '기업 공개'라고 칭할 정도로 회사가 진행한 거의 모든 사업 내용을 공개하고 있는데도, 알려진 데이터조차 확인하거나 파악하지 않고 투자한다는 것은 주식을 도박으로 생각했다는 것을 인정하는 것이나 마찬가지다.

나는 투자한 회사의 매출이나 영업이익 등 아주 기본적이고 사소한 데이터조차 확인하지 않은 채, 주식을 사고팔았다. 도박처럼 오르면 운이 좋았던 것이고, 떨어지면 운이 나쁜 탓이라고 생각했다. 무엇이 잘못이었는지 파악하게 된 나는 도박을 연구하고 공부했던 것처럼 주식도 그렇게 해보기로 마음먹었다.

빌딩형 주식으로
임대료 챙기기

    내가 경제적 자유를 누리게 된 데 가장 큰 역할을 한 건 부동산이다. 다만 부동산은 임대형 자산이 아닐 경우 매도, 즉 수익 실현을 하지 않으면 좀처럼 현금흐름이 창출되지 않는다는 것이 문제였다. 자산은 있으나 당장 쓸 돈이 없는 상황이 될 수 있다는 말이다. 이러한 이유로 나는 현금흐름 창출과 포트폴리오 분산의 차원에서 부동산뿐 아니라 또 다른 형태의 투자 방식을 고려해야 했다.

    은행의 정기예금보다 높은 수익을 가져다주면서도, 부동산 투자처럼 안전하고 안정적인 투자처는 없을까?

고민 끝에 내가 찾은 투자 대상은 배당주였다. 우선 배당률이 높은 기업들을 조사했다. 상가 임대수익률과 비슷하거나 더 높은 배당을 주는 기업들이 그 대상이었다. 그리고 생각을 바꿔보았다. 내가 투자하려는 대상이 회사가 아닌 건물이라고 생각해본 것이다. 이를테면, 내가 삼성전자 '주식'이 아닌, 삼성전자 '빌딩'을 산 것이라고 말이다.

많은 사람의 공통된 꿈 중 하나는 건물주가 되는 것이다. 그저 건물을 소유하고 있을 뿐인데, 매월 어김없이 세입자들이 꼬박꼬박 월세를 가져다주는 상상을 해보라. 생각만 해도 행복하지 않은가? 나도 모르는 사이에 건물의 가격이 오르락내리락하겠지만, 크게 개의치 않을 것이다. 왜? 내가 그 건물을 산 첫 번째 이유는 시세차익이 아닌, 임대수익이기 때문이다. 물론 건물 가격이 많이 오른다면 차익을 남기기 위해 건물을 매도할 수도 있지만, 매월 들어오는 월세를 생각하면 웬만큼 올라서는 팔지 않는 게 더 유리하다고 생각할 것이다.

보통 사람들이 생각하는 것처럼 건물주가 편히 놀고먹기만 하는 것은 아니다. 건물 가치의 하락에 따른 리스크는 차치하더라도, 가장 큰 위험이 되는 공실이 발생하지 않도록 노력해야 하며, 월세를 제때 내지 않는 세입자가 있다면 독촉해야 한다. 또 건물에 물이 새거나 전기 배선에 문제가 생길 때 이를 수리하고, 시설 노후를 관리하고 문제에 대비해야 하는 것 또한 건물주의 일이다.

하지만 삼성전자 빌딩을 소유하게 된다면 어떨까? 실제 건물주보다 오히려 쉽고 편하다. 가치 하락에 대한 리스크는 삼성전자 빌딩이나 진짜 건물이나 매한가지다. 오히려 삼성전자 빌딩은 진짜 건물과 비교할 때 훨씬 적은 금액으로 소유할 수 있으니 리스크는 더 낮다고 볼 수도 있다. 더욱 매력적인 점은 공실 발생 가능성이 제로에 가깝고, 월세가 밀릴 걱정이 없으니 독촉 같은 건 하지 않아도 된다는 것이다. 큰 문제만 없다면 정해진 배당일에 정확하게 배당이 이루어질 테니 말이다. 또한 관리비나 노후에 따른 비용 발생도 고려하지 않아도 된다. 자산 보유 기간에 따른 보유세가 발생하지 않는다는 것은 덤이다.

이와 같은 생각으로, 나는 배당주에 투자한다. 주가의 등락은 전혀 개의치 않는다. 단기적인 관점에서 보면, 수가가 내려갔다고 배당수익이 줄어들고 주가가 올랐다고 배당수익이 늘어나는 것도 아니다. 따라서 정해진 배당수익만 받는다면 거기에 만족할 수 있는 것이다.

주식 투자를 도박처럼 한다면 위험하지만, 부동산 투자처럼 안정적으로 할 수 있는 주식 투자도 있는 것이다.

66

투자할 때
꼭 알아야 하는 것

99

    가치 투자로 유명한 워런 버핏은 말했다. "주식을 사는 순간 투자수익이 결정된다." 하지만 투자할 만한 회사를 고를 때, 그 회사가 투자할 만한 가치가 있는지 없는지를 판단하는 것은 어렵고 복잡하게만 보인다. 그럼에도 투자 종목을 선택할 때는 평생을 함께할 배우자를 선택하듯, 신중하게 고민해야 한다. 물론 배우자는 오직 '사랑'이라는 이유 하나만으로 선택해도 후회 없이 살아갈 수 있겠지만, 주식을 그런 식으로 선택했다는 파국을 맞게 될 가능성이 매우 크다는 걸 기억하자.

어느 날, 친구가 자신이 10년째 운영하고 있는 커피숍에 나를 초대했다. 그는 10년간 열심히 노력한 끝에 임대로 운영하던 점포를 12억 원에 매입했다고 했다. 2억 원의 은행 대출을 고려하면, 해당 커피숍의 순자산은 10억 원인 셈이었다. 부러운 눈빛으로 바라보는 내게, 친구가 한 가지 제안을 했다. 노후화된 커피 머신을 새것으로 교체하고 리모델링을 새롭게 하는 데 1억 원 정도의 자금이 필요하다며, 만약 그 1억 원을 투자해 주면 커피숍 지분의 50%를 내게 주겠다는 것이었다.

어떤가? 당신이라면 이러한 제안을 수락하겠는가? 아마 당신은 생각할 것이다. 친구의 커피숍이 보유한 순자산이 10억 원인데, 1억 원으로 50%의 지분을 확보하게 된다면 혹여 폐업한다고 해도 자산을 처분하면 전체 순자산 10억 원 중 50%인 5억 원을 받게 되는 것 아니냐고. 그러니 결과적으로 4억 원을 투자 수익으로 챙길 수 있을 거라고 말이다. 이 같은 투자 기회는 두 번 다시는 오지 않을 만큼 매력적으로 보인다.

친구의 커피숍 이야기는 현실에서는 좀처럼 일어나지 않는 일처럼 보이기도 한다. 하지만 주식 시장에서는 이 커피숍에 투자하는 것과 같은 기회, 즉 기업의 순자산에 비해 훨씬 낮은 가격에 지분을 획득할 수 있는 주식이 곳곳에 널려 있다. 바로 PBR^{Price Book-value Ratio} (주가순자산비율) 1배 이하의 주식들이 모두 여기에 속한다. PBR이란 주가를 주당 순자산가치, 즉 BPS^{Bookvalue Per Share}로 나눈 비율을 뜻하는데, 주가와 1주당 순자산을 비교한 수치다. 주가가 순자산에 비해 1주당 몇 배로 거래되고 있는지를 측정하는 지표라고 보면 된다.

좀 더 쉬운 이해를 위해 커피숍 이야기로 다시 돌아가 보자. 앞서 말했듯, 커피숍의 순자산은 10억 원인데 1억 원에 50%의 지분을 넘기겠다는 친구의 제안을 고려하면 커피숍의 시가총액은 2억 원이라 할 수 있다(실제 가격과 시장에서 보는 기업의 가치엔 차이가 있다). 편의상 이 커피숍이 단 1개의 주식으로 이루어진 기업이라 본다면, 주가는 2억 원(시가총액÷주식 수)이고 BPS는 10억 원(순자산÷주식 수)이다. 따라서 주가를 BPS로 나눈 값인 PBR을 계산해 보면, 0.2배인 것이다.

2019년 8월 기준, 한국전력의 PBR이 0.23배이니, 커피숍의 상황과 비슷하다고 할 수 있다. 한국전력의 순자산은 약 70조 원

● 한국전력 증권 정보

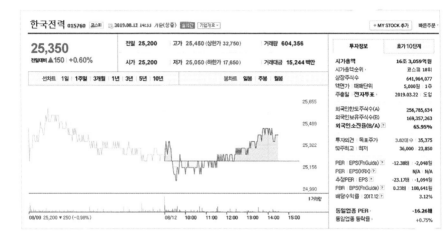

정도이며 시가총액은 16조 3,000억 원가량 된다. 만약 당신이
커피숍에 투자하지 않을 이유가 없다고 생각했다면, 한국전력
의 주식을 사지 않는 이유도 만들어내야 할 것이다.

물론 이 PBR이라는 것이 주식 가치의 절대적인 척도가 될 수
는 없다. PBR만 믿고 1억 원을 투자해 커피숍의 지분 50%를 얻
었는데, 다음날 점포가 불타서 사라져버릴 수도 있고, 식중독에
걸린 손님이 사망하는 사고로 배상금 10억 원을 지급해야 하는
일이 생길 수도 있으며, 갑작스러운 금융위기로 장사가 되지 않

아 청산할 자산도 없이 망하는 경우도 생길 수 있기 때문이다.

한국전력 역시 PBR은 낮지만, 실적이 계속 악화한다든지 정부의 관련 정책이 사업에 불리하게 바뀐다든지 하는 이유로 수익이 감소할 수 있으며, 이러한 상황이 지속된다면 결국 자산까지 감소하는 상황이 발생할 수 있다. 결국 PBR은 현 주가의 가치가 적정한가에 대한 가치 척도 중 하나로 볼 수 있지만, 그 수치만으로 투자를 결정하는 건 위험하다.

내가 하려는 말은 간단하다. PBR을 확인해 해당 회사의 주식 가치를 판단하는 데 참고하는 것과 아예 PBR이라는 용어나 의미 자체도 몰라서 염두에 두지 않는 것에는 큰 차이가 있다는 점이다. PBR이 높은데도 투자를 결정한다는 건 이를 상쇄할 만한 또 다른 가치가 있어야 한다는 뜻이다.

동일한 분야의 사업을 영위하면서 동일한 규모, 동일한 매출, 동일한 영업이익을 기록한 두 회사가 있는데, 한쪽은 PBR이 100배이고, 또 한쪽은 PBR이 0.1배라는 극단적인 상황에 놓여 있다고 하자. 이때 PBR이 무엇인지 알고 있다면 두 회사 중 어떤 회사의 주식을 사야 할지 결정하는 데 동전 던지기를 하지는 않을 것이다. 이밖에 지수와 연동된 ELS나 펀드에 투자한다고 해도 코스피 등의 주가지수가 PBR이 2배일 때 가입하는 것과 0.5배일 때 가입하는 것은 그 리스크에 있어 현격한 차이가 있을 수밖에 없다.

PBR 외에도 회사 재무상의 수치를 통해 주식의 가치를 판단할 수 있는 척도로는 ROE$^{Return\ On\ Equity}$(자기자본이익률), PER$^{Price\ earning\ ratio}$(주가수익비율), 매출 및 영업이익 증감률 등 매우 다양하나. 예측하기 힘든 기업의 미래 상황은 차치하더라도 과거의 상황이 어땠는지 살펴보는 것은 투자하기 전 필수적으로 해야 할 일이다.

가치 투자의
가치

카지노 게임의 베팅 전략 중 가장 잘 알려진 것으로, '마틴게일Martingale 베팅 시스템'과 '파롤리Paroli 베팅 시스템'이라는 게 있다. 마틴게일 베팅 시스템은 1포인트를 베팅해서 패했을 경우 그다음에는 앞에서 잃은 1포인트에 1포인트를 더해 베팅하여 2배인 총 2포인트의 이익을 추구하고, 그럼에도 불구하고 또 패할 경우 이미 잃은 2포인트에 2포인트를 더해 총 4포인트의 이익을 추구하는 방식으로 계속해서 베팅을 늘리는 전략이다. 이렇게 하다 보면 어느 순간 한 번이라도 승리했을 경우 이전에 손실한 투자금을 모두 회수하고도 일정 금액의 승리 포인트를 더 얻을 수 있다는 원리에 입각한 베팅 시스템이다.

이론적으로는, 투자금이 무한한 플레이어라면 이러한 마틴게일 베팅 시스템을 통해 무조건 승리할 수 있다는 결과가 도출된다. 그러나 주식 같은 일반적인 투자에서는 당연히 투자금이 무한할 리 없으며 도박처럼 한 번에 100% 이상의 수익을 기대할 수도 없으므로 현실 투자에서는 적용하기 힘든 전략이다. 사실상 주식의 '물타기(매수한 주식이 하락하면 그 주식을 추가 매수해 매입 평균 단가를 낮추는 것)'란 것이 바로 이 마틴게일 베팅 시스템과 유사한 방식인데, 도박에서도 마틴게일 베팅 시스템을 '파멸로 가는 지름길'이라 칭한다는 걸 고려하면, 물타기 역시 도박처럼 위험한 일이라는 걸 알 수 있다.

파롤리 베팅 시스템은 마틴게일 베팅 시스템과 대치되는 전략으로서, 1포인트를 베팅해 승리하면 수익금에 1포인트를 더해 2포인트를 베팅하고, 또 승리하면 승리한 금액의 2배를 베팅해 총 4포인트를 베팅하는 방식이다.

이러한 경우 극단적으로 10연승을 기록할 경우 초기 베팅금액이 10만 원이라면 총 1억 230만 원의 수익을 기대할 수 있다. 마틴게일 베팅 시스템과 달리 이 파롤리 베팅 시스템은 저축이나 주식 같은 현실 투자에도 응용할 수 있다. 저축에서는 받은 이자를 또다시 함께 저축해 얻을 수 있는 '복리 이자'가 바로 파롤리 베팅 시스템과 유사하다고 할 수 있으며, 주식 역시 배당 수익이나 시세차익으로 얻은 돈을 소비하지 않고 재투자에 씀으로써 파롤리 베팅 시스템을 구사할 수 있다.

이와 같이 도박은 여러모로 투자 행위와 많이 닮았다. 그래서 도박 역시 투자의 한 형태로 볼 수 있으며, 투자 역시 돈을 불리는 데 위험을 감수해야 한다는 측면에서 도박의 한 형태라고 할 수 있을 것이다.

다만, 도박과 투자의 확실한 차이점은 투자 대상의 가치에 있다. 홀짝에 돈을 거는 행위는 경제적 가치 창출과는 아무런 관계가 없다. 혹여 내가 돈을 많이 잃는다면 카지노의 경제적 가치 정도나 높일 수 있을지 모르겠다. 하지만 주식에 투자하는 것은 기업의 발전과 경제의 발전, 나아가 국가의 발전에도 이바지하는 일이다. 부동산 투자 또한 토지 개발을 통해 주거와

상업을 영위할 수 있는 경제적 부가 가치 창출에 도움이 된다.

　이러한 관점에서 볼 때, 투자는 그 투자 대상이 투자 자본을 통해 더 높은 가치를 만들어낼 때 그 가치가 발현되며, 투자수익도 창출한다고 할 수 있다. 그러니 주가 차트의 모양만 보고 주식에 투자하거나 남의 말만 듣고 '묻지 마' 부동산 투자를 하는 것은 본질적인 투자 가치를 외면한, 즉 도박과 같다. 동시에 그 결과 또한 도박의 결과와 동일하게 될 가능성이 크다는 걸 명심하자.

66

주식 차트와
바카라 중국점의 공통점

99

동전을 던져서 앞면이 나올 확률은 2분의 1, 즉 50%다. 하지만 동전을 두 번 던져 계속해서 앞면이 나올 확률은 거기에다 2분의 1을 곱한 총 4분의 1, 즉 25%로 급격하게 줄어든다. 거기서 한발 더 나아가 세 번 동전을 던져 계속해서 앞면이 나올 확률은 다시 2분의 1을 곱한 총 8분의 1, 즉 12.5%가 된다.

여기서 질문을 하나 하겠다. 만약 어떤 카지노에서 동전을 던져 세 번 연속 앞면이 나올 경우를 A, 그렇지 않을 경우를 B로 하여 게임을 진행한다면, 어느 쪽에 투자금을 베팅하는 것이 유리하겠는가? 당연히 12.5%의 확률인 A에 투자하는 바보는 없을 것이다. 하지만 질문을 조금 바꾸면 대부분 잘못된 답을 내놓는다.

"연속해서 세 번 동전의 앞면이 나온 경우, 그다음에도 앞면이 나오는 것과 뒷면이 나오는 것 중 어디에 베팅하겠습니까?"

대부분 사람이 '네 번 연속 앞면이 나올 가능성은 6.25%이니 다음에는 뒷면이 나올 가능성이 더 클 거야'라고 생각한다. 하지만 이는 크나큰 착각이다. 네 번째 게임에서만 동전의 뒷면이 나올 확률은 그냥 2분의 1, 즉 50%다. 이전에 나온 동전의 앞뒤 여부가 다음에 나올 동전의 앞뒤를 결정하는 데 미치는 영향은 제로에 가깝기 때문이다. 그런데도 많은 카지노 게임은 이 같은 '독립시행의 확률'에 착각을 불러일으켜 플레이어들에게 막연한 희망을 심어준다. 룰렛 게임에서 열 번 연속 검은색이 나오면 그다음엔 빨간색이 나올 가능성이 더 클 거라 여기면서 큰돈을 베팅하게 만드는 것. 하지만 안타깝게도 열한 번째 게임에서 빨간색이 나올 가능성은 그냥 50% 정도에 불과하다.

카지노에서 가장 인기 있는 게임은 '바카라'다. 카지노 게임의 왕이라고 불리는 이 바카라 게임은 뱅커 혹은 플레이어 둘 중 한쪽을 선택해 9 이하의 높은 점수로 대결하는 게임이다. 홀짝 게임처럼 둘 중 하나를 선택하는 단순한 게임이다 보니 앞에서 설명한 독립시행의 확률에 착각을 일으키기 쉬운 대표적인 도박이기도 하다. '뱅커가 연속해서 백 번 나왔으니 이제 확률상 플레이어가 나올 차례야' 같은 착각으로 백한 번째 판에서 큰돈을 걸었다가 모두 잃게 되는 식이다. 이때도 여전히 확률은 반반, 즉 50% 정도일 뿐인데 말이다.

심지어 어떤 사람은 지금까지 뱅커와 플레이어가 어떤 모습으로 나왔는지를 데이터화하고 시각화하여 분석해서, 앞으로 어디에 돈을 걸어야 할지를 판단하기도 한다. 이 데이터를 속칭 '중국점'이라고 불리는 일종의 예측기술과 접목하는 사람도 많다. 이는 눈길에 난 발자국을 토대로 그 사람이 어디로 향할지를 예측하는 것과 별반 다를 것이 없다.

주식에서도 이처럼 과거의 주가 데이터를 분석해 투자를 결정하는 사람들이 있는데, '차트 분석'이 이에 해당한다.

"위꼬리가 달렸다는 건 누군가가 차익 실현을 했다는 뜻입니다. 역망치의 캔들이 저점에서 나오면 최저 바닥을 찍었다는 신호가 될 수 있지만, 위에서 나온다면 매도의 신호로 보면 됩니다. 장대 양봉을 한 번에 뚫고 내려가기란 상당히 어려울 것이며, 1일 봉을 나타내는 일봉상 이중 천장형, 즉 'M' 자를 만들고 기술적 하락을 만드느냐 혹은 헤드앤숄더 패턴을 만드느냐의 차이일 것입니다."

자, TV 주식방송에서 전문가들이 흔하게 쏟아내는 차트 분석 내용을 들으니 어떤 생각이 드는가? 누군가는 '역시 전문가라서 분석력이 다르군'이라고 생각할 수도 있고, '이 정도로 차트를 분석할 줄 알아야 주식 투자로 손실을 보지 않겠네'라고 생각하는 사람도 있을 것이다. 하지만 내 생각은 조금 다르다. PBR 0.2배에 PER 0.5배, ROE 30을 기록 중인 유망한 회사의 주식 차트와 반대로 PBR 100배에 PER 200배, ROE −30의 망해가는 회사의 주식 차트가 똑같은 모양을 하고 있다면 과연 두 회사는 앞으로도 같은 주가 흐름을 보이게 될까?

물론 과거의 발자국을 참고할 수는 있다. 하지만 이는 어디까지나 그 회사가 과거에 어떤 실적을 보였는지에 대한 데이터이지 그 회사가 가진 고유한 차트 모양에 대한 데이터가 아니다. 그동안 실적이 좋았음에도 투자가들에게 저평가되어 좋지 않은 모양의 주가 흐름을 보였을 수도 있기 때문이다.

차트 분석이 미치는 부정적인 영향은, 단지 차트를 분석하는 것이 바람직한지 아닌지 하는 차원의 문제가 아니다. 더 큰 문제는 마치 주식을 바카라에서 중국점을 치는 도박처럼 보이게 한다는 것이다. 유망한 회사의 주식 가치가 차트의 모양이 나쁘다는 이유로 더 하락하거나 반대로 차트의 모양이 좋아서 상승하는 일이 발생한다면, 기업의 실제 가치를 판단해 투자한 이들이 단기적으로나마 피해를 볼 수밖에 없다. 실제로 어떤 작전 세력들은 차트만 보고 투자를 결정하는 개미 투자자들을 타깃으로 삼아 차트의 모양을 인위적으로 만들어내는 '조작'을 하기도 한다.

사실 차트 분석의 효용성은 주식 투자자들 사이에서도 의견이 분분하다. 회사의 주가를 예측하는 방법에는 '기술적 분석'과 '기본적 분석'이 있다. 기술적 분석은 차트 분석처럼 해당 회사의 과거 주식 가격과 거래량 등을 토대로 향후의 주가 움직임을 예측하는 것이고, 기본적 분석은 회사의 실적과 경쟁력 등의 내재가치를 판단하고 거시 경제변수 등을 고려하여 주가를 분석하는 것이다.

가치 투자, 즉 기본적 분석으로 유명한 워런 버핏도 젊은 시절에는 차트 분석에 심취하여 주식을 사고팔았으나 손실을 거듭한 끝에 이를 단념했다고 한다. 또 전설적인 상품선물의 대가로 불리는 로이 롱스트리트Roy Longstreet는 "트레이더가 어둠 속에 조난당한 자라면, 기본적 분석은 오두막의 불빛, 기술적 분석은 손전등이다. 기본적 분석이 없다면 정처 없이 헤매게 될 것이고, 기술적 분석이 없다면 오두막까지 무사히 다다를 수가 없을 것이다"라고 말한 바 있다.

나는 이와 같은 두 가지 주가 예측 방법에 대해 기본적 분석은 필수적이며, 기술적 분석은 참고용 보조 지표에 불과하다고 생각한다. 하지만 좀 더 편향된 진심을 말하자면, 장기적인 투자 관점에서 볼 때 기술적 분석은 아무런 가치도 없는 도박 같은 행위라고 생각한다.

6장

잡아야 잡히는
돈

66

인플레이션을 극복하는
또 다른 방법

99

경제적 자유의 핵심은, 쓰는 것보다 돈을 더 많이 버는 것이다. 바꿔 말하면, 버는 돈보다 더 적게 쓰는 것이라고도 할 수 있다. 그러니 만약 돈을 많이 벌고 적게 쓸 수 있다면 더할 나위 없이 좋을 것이다.

아내와 약 6개월 동안 필리핀에서 지낸 적이 있다. 다른 사람들이 1,2주짜리 유럽 여행에 쓰는 비용으로 상대적으로 물가가 저렴한 필리핀에 간다면 더 오랜 기간 즐길 수 있지 않을까 하는, 단순한 계산에서 시작한 여행이었다. 필리핀에 머물던 당시엔 환율이 우리에게 상당히 유리한 편이어서, 안 그래도 저렴한 필리핀의 물가가 더 낮게 느껴졌다. 우리나라 극장의 영화 관람료가 7,000~8,000원이던 시절이었는데, 필리핀에서는 고작해야 1,000~2,000원으로 극장에서 영화를 볼 수 있었고, 한국에서 1만~2만 원이던 피자헛 피자를 필리핀에서는 5,000원도 안 되는 가격에 먹을 수 있었다.

우리가 머물던 지역은 필리핀의 수도인 마닐라가 아닌 '일로일로'라는 곳으로, 우리나라로 따지면 대전 정도 되는 중소도시였다. 나름대로 알뜰하게 살았던 나도 그곳에서는 가격에 얽매이지 않고 마음껏 쇼핑했고, 5,000원이면 1시간 남짓의 전신 마사지를 받을 수 있었으니 황제가 부럽지 않을 정도로 호사스럽게 생활했다. 그렇게 나와 와이프가 넉넉하게 먹고 즐기면서도 한 달 생활비가 100만 원이 채 안 됐다. 돌이켜 보면 하루하루가 '소확행(소소하고 확실한 행복)'을 누리는 날들이었던 것 같다.

나는 생각했다. '내가 만약 한국에서 벌던 만큼을 이곳에서 벌 수 있다면, 행복한 부자로 살 수 있겠는데?' 하지만 당시 상황에서 이는 실현할 수 없는 상상에 불과했다. 필리핀에는 내가 다닐 만한 회사가 없을뿐더러 있다 하더라도 한국에서 주는 만큼의 월급을 내게 주지 않을 것이 빤했기 때문이다.

하지만 지금 나는 그때는 불가능했던 일이 이제는 가능할 수 있겠다고 생각하고 있다. 실제로 현실에서 이를 가능하게 할 계획까지 세우고 있다. 완전한 이민이 아닌, 1년의 3분의 1 정도를 필리핀이나 베트남처럼 물가가 싼 곳에서 지낸다는 계획이다. 그때나 지금이나 필리핀의 물가는 여전히 한국보다 낮으며, 무엇보다 지금은 필리핀에서도 한국에서 받는 금액만큼의 수입을 만들어낼 방법을 찾아냈기 때문이다. 그 방법이란, 바로 주식 투자다.

현재 내가 주식 투자를 통해 안정적으로 얻고 있는 수입은 한국에서 생활하는 데는 조금 빠듯한 수준이다. 좀 더 윤택한 생활을 하려면 투자 금액을 늘리거나 수익률을 좀 더 높이는 방법이 있는데, 사실상 두 가지 모두 자칫 무리한 투자가 되어 리스크가 커질 수 있다는 게 문제다. 그렇다면 수입이 늘지 않는 상태에서 더욱 여유로운 삶을 영위할 수 있는 방법은 무엇인가? 바로 비용을 줄이는 것이다. 좋은 직장에 다니거나 자영업을 하려면, 많은 사람이 거주하고 이동하는 대도시에 사는 것이 유리할 것이다. 하지만 비싼 주거비와 물가 때문에 그 유리함의 효용은 낮아질 수밖에 없다. 결국, 가장 좋은 건 서울에서 돈을 벌고 생활 물가가 낮은 지방에 거주하는 것이 효율적인 대안이 될 수 있다. 하지만 거리에 따른 이동의 문제가 이를 불가능하게 만든다.

그런데 주식은 어떤가? 주식에 투자하면 이 문제를 해결할 수 있다. 심지어 해외에서 휴가를 즐기고 있을 때라도 인터넷만 연결되어 있다면 언제든 거래가 가능하다. 만약 지금의 수입으로 물가가 낮은 지방이나 해외에 나가서 산다면 어떨까? 심지어 이 계획대로 산다면, 지금보다 투자금을 더 줄여도 되고 수익률 또한 더 낮아져도 괜찮다.

직장에 다니거나 자영업을 통해 경제적 자유를 달성하려면, 비용을 줄이는 데 한계가 있으므로 더 높은 수입을 추구해야 한다. 그러나 주식 투자를 그 수입의 도구로 활용할 수 있다면 보다 낮은 수입으로도 경제적 자유를 달성할 수 있지 않겠는가?

나는 당장 직장을 그만두고 전업투자자로 나서려는 사람들을 말리는 편이다. 사실상 주식 투자는 시간과 공간에 얽매이지 않으므로 직장생활과 병행하는 게 가능하기 때문이다. 그리고 실제로 회사를 떠나게 되는 건 개인의 의지보다 외부적인 환경의 변화 때문인 경우가 많다. 그것이 권고사직이든 은퇴이든 간에, 영원한 직장생활이라는 건 존재하지 않는다. 결국 우리는 모두 회사의 도움 없이 스스로 돈을 벌 수 있는 방법을 찾아내야만 한다. 그리고 그 방법이 주식 투자라면 굳이 직장이나 자영업으로 버는 정도의 수입을 추구하지 않아도 된다. 거주지역 선택의 자유가 생기므로 비용을 현저하게 낮출 수 있기 때문이다.

　30년 전의 100만 원과 지금의 100만 원의 가치가 다른 것처럼, 한국에서의 100만 원과 필리핀에서의 100만 원의 가치는 다르다. 물가가 올라 돈의 가치가 하락하는 인플레이션을 극복하는 방법에는, 시간을 거슬러 올라가는 불가능한 방법뿐 아니라, 공간을 이동하는 실현 가능한 방법도 있다.

투자할 것인가,
대비할 것인가?

프랑스의 수학자이자 철학자이며 신학자인, 블레즈 파스칼 Blaise Pascal 은 신을 믿어야 하는 이유에 대해 이렇게 말했다.

"만일 신이 존재하지 않는다면 당신은 교회에 가야 할 일요일 아침에 집에서 편안히 쉴 수 있을 겁니다. 하지만 만일 신이 존재한다면 당신은 사후에 지옥에 떨어져 영원한 고통을 받게 될 것입니다."

이는 기회비용의 가치를 설명하기에 좋은 예다. 투자를 할 것인지 말 것인지, 즉 투자 행위의 기회비용을 따져볼 때도 파스칼처럼 생각해 볼 필요가 있다. 먼저, 주식에 투자하지 않았을 경우를 생각해 보자. 만약 주식의 가격이 오른다면, 직접적으로 당신의 통장 잔고에 있는 현금이 손실되진 않겠지만 시간의 흐름에 따른 물가상승으로 현금의 가치가 점점 하락할 것이고 투자했다면 얻을 수 있었을 수익도 놓치게 될 것이다. 반대로 주식의 가격이 내려간다면, 다행히 투자 손실은 피하겠지만 여전히 시간의 흐름에 따라 통장의 현금 가치가 하락하는 걸 막을 순 없을 것이다. 여기서 발견할 수 있는 두 가지의 결과는 모두 '부정적'이다. 후자의 경우에는 당연히 눈에 보이는 금전적 손실을 보지만, 전자의 경우에도 작게나마 손실을 보게 된다는 점에서 동일하다.

그렇다면 주식에 투자했을 경우엔 어떨까? 만약 투자한 주식의 가격이 오른다면 수익이 생길 것이다. 반대로 주식의 가격이 내려간다면 당연히 손실을 보게 될 것이다. 하지만 투자했을 때는 적어도 한 가지의 경우에서 '긍정적'인 결과를 얻을 수 있다. 바로 주식에 투자한 뒤 주식 가격이 올라 수익이 발생하는, 즉 투자에 성공했을 경우다.

이처럼 투자는 원금 손실의 위험에서 완전히 자유로울 수 없다. 우리가 일어나지 않을 수도 있는 위험에 대비해 비용을 지급하는 보험에 가입하듯, 일어나지 않을 수도 있는 수익을 기대하며 비용을 지급하는 것이 바로, 투자다.

보험에 소요된 비용은 '대비했던 바로 그 나쁜 일'이 일어나지 않더라도 아깝지 않다. 하지만 투자에 소요된 비용은 '원했던 그 좋은 일'이 일어나야만 아깝지 않고 만족할 수 있다. 바꿔 말하면, 보험은 나빠질 미래에 투자하는 것이고, 투자는 좋아질 미래에 보험을 드는 행위라고도 할 수 있을 것이다. 다만, 보험은 수익이 생기더라도 동시에 나쁜 일이 생긴 것이기에 슬픈 일이 될 것이며, 투자는 좋은 일이 생겨 수익이 발생하면 기쁘기만 할 것이다. 이것이 바로 당신이 보험 대신 투자에 더 적극적이어야 하는 이유 중 하나다.

보험에 투자해서 실패할 경우, 즉 미래의 나쁜 일이 벌어지지 않는다면 그것만으로 만족할 수 있으며 투자한 돈에 대한 미련도 남지 않을 것이다. 그러니 투자에 보험을 들어 실패할 경우, 곧 미래의 좋은 일이 벌어지지 않는다고 해도 보험비에 대한 미련은 떨쳐버릴 수 있어야 한다. 정말 중요한 것은 실패한 투자의 원인과 개선 방향을 살펴서 성공적인 투자를 위한 가치 있는 경험으로 삼는 것이기 때문이다.

'한 일에 대한 후회보다 하지 않은 일에 대한 후회가 더 크다'라는 말을 투자에도 적용할 수 있다.

당신이 어떤 희생을 치르더라도 피해야 하는 가장 큰 위험은
아무것도 하지 않는 것이다.
– 데니스 웨이틀리Denis Waitley, 미국의 심리학자이자 동기부여 강연가

아무도
눈치채지 못한 재능

"9만 달러요?"

은행원이 의아하다는 눈빛으로 내게 되물었다. 그와 같은 반응은 이제 평범한 일상이 되었기에 나는 좀 더 정확하게 다시 말했다.

"예, 미화 9만 달러요. 모두 100달러짜리로 주시면 됩니다."

잠시 후, 은행원은 100달러짜리 지폐가 100장씩 묶인 달러

묶음 9개를 내 앞에 내놓았다. 원화로 대략 1억 원 정도의 금액을 환전했으니, 은행원이 놀라는 것도 당연했다.

나의 투자 포트폴리오 중 주요한 한 축을 이루는 투자 수단은 달러, 즉 외환 거래다. 이른바 환테크를 시작하게 된 계기는 재미있게도, 앞에서 여러 번 이야기했던 도박 때문이다. 해외에서 카지노 게임을 하기 위해서는 환전을 해야 하는데, 비용을 최소화하려면 환전 수수료를 절약할 방법을 찾아야 했다. 최소한의 금액을 베팅해 '도박을 도박처럼 하지 않는 것'이 나의 주요한 전략이었기에 단 몇천 원의 수수료도 아껴야 했던 것이다.

이 과정에서 외환 거래 지식이 조금씩 쌓여가기 시작했고, 필리핀 페소가 필요할 때는, 원화를 페소로 직접 환전하는 것보다 달러로 환전한 후 현지 환전소에서 페소로 환전하는 것이 더 유리하다는 것도 알게 되었다. 환전 수수료를 고려하면 한 번 환전하는 것이 두 번 환전하는 것보다 더 유리할 것 같지만, 이는 해외에서 달러를 더 선호하기에 일어나는 현상이었다.

미국 달러의 위대함을 몸소 느끼게 된 나는, 당시의 달러 가격이 저평가되었다고 판단하고 달러를 사들였고 그때부터 본격적인 환테크가 시작됐다 달러의 가격은 주가와는 다르게 계속해서 오르기만 하거나 내려가기만 하는 패턴보다 시장 상황에 따라 일정한 수준을 기점으로 등락을 반복하는 경우가 많았다. 이는 곧 사고파는 행위를 계속함으로써 지속적인 차익을 만들어낼 수 있다는 의미이기도 했다.

또한 그 어마어마한 거래 규모 덕분에, 정부나 국가 차원의 거대 세력이 아니라면 누군가가 '작전주'처럼 가볍게 시세조작을 하는 것도 불가능에 가까우므로 정보력이 부족한 개인 투자가도 할 수 있는 믿음직한 투자 상품이라는 생각이 들었다. 심지어 환차익으로 인한 소득엔 세금이 전혀 붙지 않는다는 것도 큰 매력 중 하나였다.

'투자수익이 아무리 많아져도 세금을 한 푼도 안 낸다고?'

나는 국세청에 직접 전화해 그것이 사실인지 확인하는 수고도 마다하지 않았다. 그렇게 조금씩 늘어가던 환테크 투자수익의 규모가 점점 커짐에 따라, 한 번에 9만 달러를 사들이는 수준에까지 이르게 된 것이다.

주변에서는 달러 투자가 위험한 방식이 아니냐며 우려하기도 하지만, 나는 크게 두 가지를 이유로 그렇지 않다고 대답해 주곤 한다. 그 첫 번째 이유는, 미국의 달러가 대단히 안전한 상품이기 때문이다. 거의 모든 미국인은 그들의 현금자산의 대부분을 원화가 아닌 달러로 가지고 있을 텐데, 달러를 사서 보유하는 것이 뭐 그렇게 위험한 일이겠는가? 오히려 전 세계에서 통용되는 달러가 원화보다 더 안전한 통화가 아닐까?

내가 달러 투자를 선호하는 두 번째 이유는 달러가 일반적인 상품이 아니라, 그 자체로 현금이기 때문이다. 현금 환금성 따위는 아예 논할 필요가 없다는 이야기다. 만약 배추를 낮은 가격에 사서 높은 가격에 파는 투자를 한다고 생각해 보라. 만약 배추 가격이 오르지 않는다면 그 배추들을 저장할 창고를 구해 보관 비용을 부담해야 하는데, 그런데도 더 오랜 기간 배추 가격이 오르지 않는다면 헐값에 팔아 손실을 보거나 이마저도 팔지 않고 버티다가 모두 썩게 만들 수 있다. 그야말로 망하는 것이다. 하지만 달러는 그 자체가 '돈'이기에 보관이 매우 용이하다. 은행에 맡겨버리면 그만이다. 최근에는 계속되는 미국 금리 상승으로 달러 예금이 원화 예금보다 이자율이 더 높아지기까지 했다. 또한 달러는 은행에 이틀 이상만 맡겨도 정기예금 수준의 이자가 지급되므로, 현금 자산 자체로서의 매력도 크다.

이 책을 통해 내가 진짜 하고 싶은 이야기는 달러 투자의 매력이 아니다. 달러 투자로 이룬 수익이 아무런 노력 없이 이루어진 행운은 아니라는 점이다.

"고객님, 모두 네 번으로 나누어 환전 신청을 하셨네요. 그럼 환전 신청서 네 장을 작성해 주시면 됩니다."

은행원의 요청에 나는 슬며시 신청서를 한 장만 가져가 서명하면서 말했다.

"메뉴 중에 환전 신청 5건까지는 한 번에 묶어서 처리하는 옵션이 있을 거예요."

의심스러운 눈빛으로 날 바라보던 은행원은 자신의 컴퓨터 모니터를 이리저리 살펴보다가 내가 말한 메뉴를 찾았는지 멋쩍은 미소를 지으며 대답했다.

"아, 정말 옵션이 있네요! 고객님 덕분에 좋은 것 배웠네요."

나는 외환 거래와 관련해서는 웬만한 은행원보다 더 많은 금융 지식을 가지고 있다고 자부한다. 그도 그럴 것이 은행원은 자신이 일하고 있는 은행의 외환 거래 규칙만 알고 있겠지만, 나는 거의 모든 시중 은행과 거래한 경험을 통해 각 은행의 외환 거래 규칙들을 속속들이 알게 되었기 때문이다. ○○은행은 당일 환전 신청과 수령이 가능하지만 △△은행은 익일 수령만 가능하다든지, ▢▢은행은 달러를 외화 계좌에 입·출금할 때 외화 현찰 수수료가 없지만 ◇◇은행은 입금 후 7일 이내에 출금할 경우 1.5%의 현찰 수수료가 발생한다든지, 휴일에 환전하기 위해서는 김포공항과 인천국제공항을 이용하면 되는데 공항에는 단 세 곳의 은행에서만 거래가 가능하다든지 하는, 외환 거래와 관련된 온갖 잡다한 지식과 노하우를 가지고 있다.

투자에 있어서 가장 중요한 것은 그것이 주식이든, 부동산이든, 채권이든, 외환이든 관계없이 어떤 분야의 투자가 나의 철학과 생각, 성향에 맞는지 그리고 그것을 얼마나 연구하여 이해하고 있는지이다.

세상에는 골프에 신이 내린 재능을 갖고 태어났으나 클럽 한 번 쥐어볼 기회조차 얻지 못하고 사라진 사람들이 수백 명쯤 될 것이다. 투자 또한 직접 경험해 보지 않으면 절대로 알 수 없는 것 중 하나다. 내가 만약 해외에 가보지 않았더라면, 내가 만약 환전을 해보지 않았더라면, 내가 만약 달러의 위력을 경험해 보지 않았더라면, 환테크로 이익을 얻게 되는 일 역시 일어나지 않았을 것이다.

신이 내린 재능을 가지고 있더라도 모르면 그만인 것처럼 말이다. 아는 것이 중요하고 모르는 것은 공부해야 하는 이유가 바로 여기에 있다.

우산 장수와 짚신 장수 어머니의 똑똑한 투자법

＂＂

- - -

   옛날 한 옛날에, 우산 장수인 큰아들과 짚신 장수인 작은아들을 둔 어머니가 있었다. 어머니는 해가 쨍쨍한 맑은 날에는 우산 장수인 큰아들의 장사가 안될까 봐 걱정했고, 비가 주룩주룩 내리는 날에는 땅이 젖어 작은아들의 짚신이 잘 팔리지 않을까 봐 걱정했다. 날이 좋아서, 날이 좋지 않아서, 날이 적당해서 그렇게 모든 날이 어머니의 한숨으로 가득했다.

   그러던 어느 날 지나가던 행인이 그녀의 걱정 섞인 푸념을 들고서 말했다. "맑은 날에는 작은아들의 짚신 장사가 잘돼서 좋고, 흐리고 비 오는 날에는 큰아들의 우산이 잘 팔려서 좋으시겠네요."

이 이야기를 듣고 난 후에야 어머니의 근심이 사라졌다고 한다.

■ ■ ■

이 우화는 멘탈, 즉 마음가짐에 관한 이야기다. 같은 현상을 놓고도 긍정적인 생각과 부정적인 생각 사이에는 이처럼 커다란 간극이 존재한다. 수익이 생기면 날아갈 듯 기분이 좋고, 손실이 발생하면 금세라도 죽을 것처럼 마음이 가라앉는 건 어쩔 수 없는 인간의 심리다.

가치 투자를 하겠다고 마음먹고 믿을 수 있는 회사의 주식을 사둔다 해도, 변화무쌍한 주식 시장의 파고를 견뎌내는 것은 생각처럼 쉬운 일이 아니다. 이미 9.11 테러와 2008년 글로벌 금융위기를 겪으며 주가 대폭락에 단련되고 학습됐음에도, '이번에는 지난번과 달라서 영영 손실을 회복하지 못하게 되는 건 아닐까?' 하는 고뇌와 번민이 휘몰아치기도 한다.

비 오는 날에도 그리고 맑은 날에도 행복해할 이유가 있던 옛날이야기 속 어머니처럼, 주가가 오르면 오르는 만큼 이익을 얻고 주가가 떨어지면 떨어진 만큼 이익을 얻을 수 있는 방법은 없는 것일까? 이런 고민을 하다가, 나는 원 달러 환율이 오르면 주가지수가 하락하고 반대로 원 달러 환율이 하락하면 주가지수가 상승하는 경우가 많다는 사실을 깨달았다. 그래서 이두 가지 투자 대상을 활용할 수 있는 방법을 찾아보기로 했다.

처음에는 원 달러 환율이 올라서 100만 원의 수익이 발생해도 이로 인한 주가 하락으로 100만 원의 손실이 발생한다면 결국 아무런 이익도 얻지 못하게 되는 것이 아닌가 하는 생각이 들었다. 홀과 짝에 돈을 거는 도박에서 둘 모두에 돈을 걸면 아무것도 아닌 것처럼 말이다. 하지만 투자는 도박이 아니다. '아직 팔지 않은 주식이나 달러는 손실이 확정된 것이 아니다'라는 투자의 원리를 대입하니, 놀라운 일이 생겼다.

환율이든 주가든 상승이 있으면 하락이 있고, 하락이 있으면 또 상승을 하는 것이 기본적인 시장의 흐름이다. 따라서 환율 상승으로 수익이 발생하면 달러를 매도해 수익을 확정하고, 주가가 올라 수익이 발생하면 주식을 팔아 수익을 확정 짓는 전략을 세웠다. 이는 우산 장수와 짚신 장수 아들을 둔 어머니가 비

오는 날에는 우산 장수 아들이 벌어온 돈을 받고, 맑은 날에는 짚신 장수 아들이 벌어온 돈을 받는 것과 유사한 상황이었다. 이렇게 되면 어머니는 비가 오나 눈이 오나 거의 모든 날에 돈을 챙길 수 있게 되는 것이다.

내가 세운 '우산과 짚신 투자 전략'은 효과가 있었다. 주가가 하락하는 날에는 달러를 매도해 그 자금으로 가격이 하락해 저렴해진 주식을 추가로 매수하고, 또 주가가 상승하는 날에는 시세 차익을 얻은 주식을 판 돈으로 가격이 하락한 달러를 매입한 것이다. 이것이야말로 워런 버핏이 강조한 '절대 잃지 않는다'는 투자 원칙에 부합하는 전략인 셈이다.

66
투자 성공률
100% 비법
99

도박이 투자 상품으로 인정받을 수 있다면, 아마도 지구상에 존재하는 모든 투자 상품 중 가장 위험성이 큰 상품으로 분류될 것이다. 이러한 투자 상품일수록 중요한 것은 수익을 추구하는 것보다 리스크를 관리하는 것이다.

1만 원을 얻는 것보다 100만 원을 잃지 않는 것이 더욱 중요하다고 생각한 나는 가장 작은 베팅만이 카지노를 이길 수 있는 유일한 방법이라는 결론을 내렸는데, 그 전략은 확실히 효과가 있었다.

사실 달러 투자는 도박과 정반대의 성격을 지니고 있다. 일단 수익률만 따져봐도 단 몇 초 만에 투자금의 100% 손실과 100% 이상의 이익 실현이 가능한 도박과는 달리, 원 달러 가격은 온종일 단 1%의 등락을 보이는 경우도 찾아보기 힘들 만큼 답답하게 흘러간다. 세상에서 가장 위험한 상품에 투자한 경험을 가지고 있는 나로서는 이보다 더 안전한 투자 상품이 또 있을까 하는 생각까지 들었다. 여기에 미국이라는 나라가 망하지 않는 한 달러가 휴짓조각이 될 일은 없을 거라는 믿음이 더해지자, 달러 투자에 대한 신뢰는 더욱 확고해졌다.

나는 지금까지 달러에 투자해서 손실을 본 적이 단 한 번도 없다. 투자 성공률 100%라는 이야기다. 비결이 궁금한가? 그 비결이란 생각보다 간단하다. 아직 팔지 않은 주식은 손실이 아니듯, '한번 매수한 달러는 단 1원이라도 수익이 나기 전까지는 절대로 팔지 않는다'라는 투자 전략을 세우고 이를 실행했기 때문이다.

만약 환율이 1,200원일 때 10만 달러를 매수했는데, 환율이 1,100원으로 떨어졌다고 가정해 보자. 지금 바로 10만 달러를 매도해버린다면 1억 2,000만 원의 투자금이 1억 1,000만 원으로 되돌아오는 것이기에, 결국 1,000만 원의 손실이 발생한다. 하지만 이러한 경우 나는 10만 달러를 추가로 매수한다. 1,100원에 말이다. 주식의 '물타기'와 비슷하다는 생각이 들겠지만, 나는 이를 평단가를 낮추는 행위가 아닌, 새로운 투자를 하는 개념으로 생각했다. 이것이 물타기였다면 총 20만 달러를 평균 단가 1,150원에 매수한 것과 같으므로 원 달러 환율이 1,150원 이상이 되어야만 수익이 발생한다. 하지만 두 번의 달러 매수 행위를 각각 다른 투자라고 생각하면, 환율이 1,100원에서 단 10원만 오른 1,110원이 돼도 100만 원의 수익을 실현할 수 있다.

물론 처음에 매수한 10만 달러는 여전히 수익 실현이 불가능한 상태일 것이다. 하지만 나는 달러 그 자체가 '돈'이라는 점을 잊지 않았다. 앞으로 얼마를 더 기다려야 손익 분기점을 통과할 수 있을까 하는 고민 따위도 할 필요가 없다. 그 10만 달러는 외화 계좌에 안전하게 입금되어 정기예금 이자율과 맞먹는 이자 수익을 벌어들일 테니 말이다. 이러한 생각에서 나는 단기간 내에 매도가 불가능하다고 판단하는 달러들은 모두 외화 계좌에 넣어둔다. 그냥 정기예금을 했다고 생각하고는 수익이 발생할 때까지 기다리는 것이다. 어떤 경우에는 그 기간이 너무 길어지는 바람에 환율이 최초 매수가에 도달하지 않았음에도 예금 이자만으로 손실이 만회되는 상황이 발생하는 경우도 있다.

이 성공률 100%의 환테크 전략은 내가 경제적 자유를 달성하는 데 크나큰 역할을 했다. 그래서 가까운 지인들에게 단 한 번도 실패하지 않은 마법의 투자 비법을 알려주고 그들도 나처럼 경제적 자유를 얻는 데 도움을 받길 바랐다. 하지만 그 결과는 내 예상과 전혀 다르게 흘러갔고 심지어 놀랍기까지 했다. 열 명 중 여덟 명은 내 투자 성공 사례를 부러워만 할 뿐 자신과는 아무 관계없는 먼 나라 이야기처럼 생각하면서 시도조차 하지 않았다. 그리고 또 나머지 두 명은 시도는 했지만 오래 기다리지 못해 결국 손실을 보고 말았다.

"저는 돈이 없어서요"라며 핑계를 대는 사람에게는 "저도 처음에는 대출받은 돈으로 투자했어요"라고 설명했고, 환율 하락으로 조바심을 내는 지인에게는 "기다리는 것이 최선입니다"라고 이야기했는데, 그럼에도 이 성공 확률 100% 투자 비법은 그들에게 전혀 먹혀들지 않았다.

제2차 세계대전 때 전차전에서 뛰어난 능력을 발휘한 미국의 조지 스미스 패튼George S. Patton 장군은 "지금 적극적으로 실행되는 괜찮은 계획이 다음 주의 완벽한 계획보다 낫다"라고 말했다. '모르는 것'과 '아는 것'에는 차이가 있다. 또한 '아는 것'과 '하는 것'에도 큰 차이가 있다. 하지만 그것이 '할 수 없는 것'이라면 이야기가 다르다. 그래서 나는 '할 수 있는 것'만을 이야기해야 한다고 생각했고, 여기까지가 바로 내가 말하고 싶은 '경제적 자유를 얻기 위한, 누구나 할 수 있는 것'들이다.

당신은 지금 무엇을 할 수 있는가? 도서관에서《벤저민 그레이엄의 현명한 투자자The Intelligent Investor》를 읽든, 출·퇴근 지하철 안에서 '김동환, 이진우, 정영진의 신과 함께' 방송을 듣든, 경제와 금융에 관심을 두고 공부하는 모든 행위가 경제적 자유를 얻는 데 유용한 밑거름이 될 것이다.

내가
사회 초년생이라면

경제적 자유를 달성하는 과정은 알고 보면 그리고 요약해 보면, 허탈할 정도로 간단하기 그지없다.

> 1단계 : 급여 혹은 자영업을 통한 수입, 즉 노동을 통해 매월 현
> 금흐름을 만든다.
> 2단계 : 절약과 저축을 통해 투자를 위한 종잣돈을 모은다.
> 3단계 : 투자를 통해 자산을 불린다.

어찌 보면 쉽고 당연해 보이기까지 하는 이 단순한 과정이 대

다수 사람에게는 운 좋게 성공한 부자의 자랑거리 정도로밖에 들리지 않을 수 있다. 왜 그럴까? 그건 이 과정을 구체적으로 어떻게 실행해야 할지 모르기 때문일 가능성이 크다.

그래서 상상해 보았다. 만약 지금까지 모은 나의 자산이 리셋되어 '0'이 된다면, 어떻게 할 것인가를 말이다. 나도 하지 못할 일을 다른 사람에게 권유한다는 건 문제가 있겠다는 생각이 들어서 과연 나라면 어떻게 했을지를 구체적으로 상상해 본 것이다. 이제부터 나는 20대 사회 초년생이고 현재 자산은 '0'원이다. 사실 이는 그리 절망적이거나 나쁜 상황이 아니다. 나의 경우 부모님에게 물려받은 돈은커녕, 이미 빚이 있는 상태로 사회생활을 시작했으니 실제로는 마이너스 지점에서 출발했다고 봐야 하기 때문이다.

**1단계 : 급여 혹은 자영업을 통한 수입,
즉 노동을 통해 매월 현금흐름을 만든다**

대기업에 입사해서 고액연봉을 받는 상황을 가정하면 좋겠지만, 대부분 사람에게는 힘든 일일 테니 많은 이가 공감할 수 있도록 월급을 250만 원 정도로 가정하겠다. 2019년 현재 최저임금이 약 175만 원이니, 무리한 금액은 아닐 것이다. 혹시 월급이 250만 원이 안 되더라도 '나 같으면' 별도의 아르바이트를 하거나 일과 후에 대리운전을 해서라도 월 250만 원 이상을 벌기 위해 총력을 기울일 것이다. 이 단계에서는 매월 안정적인 수입을 만들어내는 것이 매우 중요하기 때문이다.

기본적인 생계를 위한 이 1단계의 과정은 그리 어렵지 않게 수행해낼 수 있을 것이다. 사실 '나 같으면' 목공이나 타일 기술처럼, 힘은 들어도 보다 큰 수입을 얻을 수 있는 기술을 배워서라도 이보다 더 많은 현금 수입 창출을 위해 노력했을 것이다. 단, 자영업을 하지는 않았을 것이다. 회사에 들어가 버는 월급보다 자영업을 통해 버는 수입이 더 클 수도 있겠지만, 이 시기에는 '많은 수입'보다는 매월 예측이 가능한 '안정적인 수입'이 더 가치 있다고 생각하기 때문이다. 또한 앞에서도 이미 언급했듯, 내가 생각하는 바람직한 자영업의 시작은 점포 임차가 아니라 점포 구매라는 측면에서, 현재 무일푼인 상상 속의 내가 자영업을 시작한다는 것은 불가능에 가까운 일일 것이다.

2단계 : 절약과 저축을 통해
투자를 위한 종잣돈을 모은다

매월 노동을 통해 들어오는 수입이 생겼다면, 이제는 절약과 저축의 과정으로 넘어가야 한다. '나 같으면' 워런 버핏의 조언대로, 쓸 것 다 쓰고 남는 돈을 저축할 게 아니라 저축하고 나서 남는 돈이 있으면 쓰겠다. 이를테면 월 250만 원의 현금 수입 중에서 100만 원을 뚝 떼어내서 무조건 저축을 할 것이다. 남은 150만 원으로 어떻게 한 달을 버틸 수 있느냐는 질문이 나올 수 있다. 자산이 '0'인 상태라면 월세 보증금조차 없을 텐데, 잠은 또 어디서 자느냐고 묻고 싶을 수 있다.

'나 같으면' 부모님 찬스를 사용하거나 비슷한 처지의 친구 여럿과 함께 생활하면서 주거비를 최대한 절약했을 것이다. 부모님이나 친구의 도움이 불가능하다면, 공유 주택이나 고시원 같은 곳에 들어가 살더라도 최대한 나가는 비용을 아꼈을 것이다. 어찌 됐든 주거에 필요한 전기, 수도, 가스요금 등을 포함해 소요되는 모든 비용을 월 50만 원 이하로 맞추는 전략을 세웠을 것이다.

한 끼 식사비용을 7,000원으로 계산해도 하루 세끼에는 2만 원 정도, 한 달이면 식비에만 60만 원이 들어간다. 이런 문제에 대한 의문을 가질 수도 있겠다. '나 같으면' 한 끼 식사비를 줄이거나 그것도 안 된다면 하루에 한 끼만 먹겠다. 매우 극단적인 이야기로 들리겠지만, 경제적 자유를 달성하는 데 미치는 영향 중에 절대 간과해서는 안 될 것이 바로 '시간'이다. 따라서 목표한 종잣돈을 최대한 빨리 모으는 것이 정말 중요하다는 걸 경험을 통해 알았다. 이를 알고 있는 나로서는, 다소 극단적인 방법도 필요하다고 생각한다.

그밖에 의류비나 통신비, 교통비 등 생활에 필요한 기본적인 비용이 많겠지만, '나 같으면' 갖은 수단과 방법을 동원해서 절약한 월 100만 원을 적금통장에 넣을 것이다. 좀 더 솔직해지자면, 실제의 나라면 150만 원 이상을 저축했겠지만, 대다수의 공감을 얻기 힘들 것 같아 많이 양보한 것이다.

왜 그렇게까지 무리해서 종잣돈을 만들어야 하는지, 도대체 저축의 이유가 무엇인지 궁금할 수도 있다. 종잣돈을 모아야 하는 첫 번째 이유는 아주 명확하다. 바로, 집을 사기 위해서다. 처음 달성해야 할 목표 금액은 5,000만 원이다. 월 100만 원의 저축으로 5,000만 원을 모으는 데는 4년이 소요된다, 그리고 4년 후, 나는 1억 5,000만 원짜리 집을 찾아볼 것이다.

요즘 같은 시기에 더구나 서울에, 1억 5,000만 원짜리 집이 있을까? 찾아보면 있다. 아마도 그 집은 매우 낡고 작은, 다 스러져가는 다세대 빌라일 가능성이 크다. 하지만 그 집을 사는 이유는 하나다. 투자의 목적이 아닌 주거의 목적이며, 주거비를 통제하기 위한 것이다. 앞에서도 언급했듯, 집은 인간 생활의 기본 요소인 의식주 중 하나다. 따라서 이를 빌려서 사용한다는 것은 스스로 통제가 되지 않는 비용을 계속 안고 가야 한다는 의미이기도 하다.

저축으로 모은 5,000만 원에 은행 대출로 수혈받은 1억 원을 더해 1억 5,000만 원짜리 집을 산다면 그리고 그 집이 비와 바람만 막아줄 수 있는 정도라면, 적어도 주거 안정은 확보한 셈이다. 비용도 계산해 보자. 1억 원에 대한 대출이자가 연 3%대라면, 월 30만 원 이하로 주거비를 고정할 수 있다. 월 30만 원이 웬만한 고시원의 월 이용료에 불과하다는 사실을 고려하면,

거주하게 될 '내 집'이 아무리 낡고 볼품없고 불편하다 해도 가성비가 꽤 좋은 주거 공간이라는 사실을 알게 될 것이다.

월가의 영웅으로 불리는 전설적인 투자자 피터 린치^{Peter Lynch}가 그의 저서 《피터 린치의 투자 이야기*Learn to Earn*》에서 가장 좋은 투자 대상으로 꼽은 건 부동산이다. 그의 전문 분야이자 그에게 막대한 부를 안겨준 주식이 아닌, 부동산을 가장 좋은 투자 대상으로 꼽았다는 것은 조금 의아한 일이다. 다만 평범한 사람이 경제적 자유를 달성하기까지 따라야 하는 일반적인 삶의 흐름을 살펴보면 그의 말이 쉽게 이해될 것이다.

피터 린치가 말한 가장 기초적이면서도 안전한 투자 대상은 바로 '실거주용 주택'이다. 실거주용 주택은 그 자체에 큰 금액의 투자금이 소요되지만, 은행 담보대출 같은 레버리지를 사용할 수 있으므로 인생을 통틀어 가장 규모가 큰 투자가 될 가능성이 크다. 다만 여타의 투자 대상과 비교할 때 가격 하락에 대한 리스크가 작고, 그 가치가 인플레이션에 따라 비례하여 증가하는 까닭에 안정적이기까지 하다.

이 밖에도 그는 투자를 진행하는 동안에도 '실제 거주할 수 있다'는 활용도 측면에서 좋은 투자 대상으로 부동산을 추천했을 것이다. 나 역시 실거주용 주택에 투자해 성공한 경험을 가지고 있다. 내가 생각하는 실거주용 주택의 또 다른 장점은 '심리적 안정'이다. 투자를 통해 경제적 자유를 달성하리라 마음먹은 사람이라면, 굳이 그 시작을 어렵고 복잡하고 실패 가능성이 크고, 위험한 투자 대상으로 정할 필요가 없다.

첫 번째 종잣돈 5,000만 원을 모으기까지는 인고의 기간이 소요될 것이다. 열심히 일하면서도 덜 먹고, 덜 쓰고, 덜 입어야 하니 그럴 수밖에. 목표는 단 하나, 내가 거주할 집을 사는 것이다. 다만 그렇게 마련한 집이 주거의 안정을 제공하는 것은 물론, 머잖아 가장 기본적이고 안전하고 좋은 투자 대상이 될 거라는 건 확실하다. 그 기간을 크게 단축하는 방법도 있다. 매월 저축하는 금액을 100만 원에서 120만 원으로 늘리기만 해도 그 기간이 1년 정도 줄어든다. 또한 더 큰 레버리지, 즉 더 많은 금액의 대출을 받는 것도 고려해 볼 수 있다. 여기서 중점을 두어야 하는 것은, 실제 거주할 집을 얼마나 빨리 마련할 수 있느냐이다. 이 단계에서는 매입할 그 집의 가치가 오를지 내릴지 따위는 전혀 고려할 필요가 없다. 반복하지만, 목적은 주거의 안정, 더 정확히 말하자면 주거비의 안정일 뿐이다.

그럼, 그다음 과정은 무엇일까? 1억 원의 빚이 생겼으니 갚아야겠다고? 그러지 말자. 그렇게 마련한 집은 은행이 나에게 임대해 준 집일 뿐이며, 대출금을 갚을 필요도, 갚아서도 안 된다. 비교적 저렴한 은행의 월세는 장기간 그대로 유지될 가능성이 매우 크며, 대출 원금은 시간이 지남에 따라 인플레이션으로 인해 나중에는 나에게 그리 큰돈이 아니게 될 가능성 또한 크기 때문이다. 인플레이션이 지금 내 현금 자산의 가치도 떨어뜨리지만 내가 빌린 돈의 가치도 떨어뜨릴 수 있다는 사실을 잊지 말아야 한다. 빚은 잘만 이용하면 자본주의 사회에서 대단히 유용한 무기가 된다.

대략 4년이라는 고단한 기간 중에 해야 할 일이 하나 더 있다. 그것은 바로 돈에 관한 공부다. 지금의 나는 이미 경제와 금융 그리고 재테크와 주식 투자와 관련된 노하우를 가지고 있으므로 이 과정을 많이 생략할 수 있겠지만, 대부분의 사회 초년생에게 그러한 지식이 저절로 생겼을 리 만무하다. 따라서 대학 입시보다 더 치열한 공부의 과정이 필요하다. 다행이라면, 그 공부가 입시나 토익, 공무원 시험 같은 것에 비한다면 매우 쉽고 흥미롭기까지 할 거라는 점이다. 내가 만약 이와 관련된 지식과 노하우마저 제로가 된 자산처럼 모두 잊어버렸다고 가정한다면, '나 같으면' 이렇게 공부할 것이다.

먼저 오로지 자신의 힘으로 부자가 된 사람들의 인터넷 블로그나 유튜브 영상을 찾아보는 것을 시작으로, 일주일에 한 번은 도서관이나 서점에 들러 경제와 금융, 재테크와 관련된 책을 읽을 것이다. 그렇게 1년 정도를 보내며 기본적인 개념이 잡혔을 즈음에는 투자에 관한 책, 특히 주식 투자에 관한 책들을 읽기 시작할 것이다. 4년이라는 기간은 꽤 긴 시간이므로 일주일에 1권씩만 읽어도 1년이면 50권, 4년이면 200권 정도의 책을 읽을 수 있다. 너무 많은 것 아니냐고? '나 같으면' 더 많이 읽었을 테지만, 백번 양보해서 최소 100권은 읽어야 한다고 말하고 싶다.

책 1권을 읽는 데 어느 정도의 시간이 소요될까? 지금 당장 집에 있는 아무 책이나 집어 들고 스마트폰의 스톱워치를 작동시켜 1페이지를 읽는 데 드는 시간을 측정해 보자. 개인차가 있긴 하겠지만 대략 40초 정도면 충분하다. 평균 300페이지 정도 되는 책을 기준으로 하면 200분, 평일 하루 평균 20분 정도, 주말에 50분 정도만 투자해도 일주일에 1권은 충분히 읽을 수 있다.

워런 버핏은 말했다.

"저의 첫 번째 투자 원칙은 '절대 잃지 않는다'입니다. 그리고 두 번째 원칙은 '첫 번째 원칙을 잊지 않는다'이죠. 그게 다입니다. 무엇이든 그것의 가치보다 싸게 사면 돈을 잃지 않습니다."

참으로 심플하고 간단명료한 투자 비법이자 원칙이다. 이 비법이 언제나 가능한 것인지는 모르겠지만, 이 방법대로 투자할 수만 있다면 손실이 날 가능성이 제로라는 것만은 분명하다. 본격적으로 주식 투자에 뛰어들기 전에, 주식 투자로 엄청난 자산을 증식한 워런 버핏의 조언을 들어보는 게 당연하지 않을까? 영어를 잘하는 사람에게 영어를 배우고, 수영을 잘하는 사람에게 수영을 배우는 것은 당연하다고 생각하면서, 어째서 사람들은 자수성가형 부자들에게서 돈 버는 방법을 배울 생각은 좀처럼 하지 않는 걸까?

"책과 신문 속에 부가 있다"고 했던 워런 버핏의 말의 진정한 의미를, 나는 도서관에서 만난 수많은 부자의 조언을 토대로 경제적 자유를 얻고 난 뒤에야 깨달았다. 수학에 공식이 있듯 성공 투자에도 공식이 있으며, 자전거를 배우듯 돈 버는 방법도 배울 수 있다. 경제적 자유를 얻고 싶다면, 도서관과 친해져야 한다.

명심하자! 대부분의 부자는 그들의 선배 부자들의 조언, 즉 책을 통해 부자가 되는 방법을 습득했다는 사실을 말이다.

3단계 : 투자를 통해
자산을 불린다

지난 4년간 미친 듯이 일하고 절약해서 모은 자산 5,000만 원은, 은행에서 빌린 1억 원과 함께 내가 사는 집이 되어 있을 것이다. 의식주가 모두 해결되었으니 이제부터는 경제적 자유를 향한 본격적인 '엔드 게임'을 시작하면 된다.

근로소득에서 필요한 지출 내역을 빼면 여전히 100만 원이 남을 것이다. 하지만 운이 좋아서 그사이 승진이나 연봉 상승이 있었다면, 그리고 절약의 기술이 늘고 내 집 장만으로 인해 주거비용이 감소했다면, 매월 150만 원 이상이 남을 수도 있다. 그렇게 되었다면, '나 같으면' 더 이상 저축 따위를 하진 않을 것이다. 지금까지 쓴 것이 방어 기술이었다면, 이젠 공격 기술을 시도할 시기가 도래했다. 물론 사회 초년생인 데다 아직 경험이 부족한 초보 투자자일 가능성이 크므로, 매월 투자 가능액의 30% 정도는 종전과 마찬가지로 은행에 맡기고, 나머지 70%를 주식에 투자할 것이다. 단, 은행에 저축하는 매월 30% 정도의 현금 역시 나중에 더 좋은 기회가 왔을 때 주식 투자의 종잣돈으로 쓰기 위해 잠시 보관해놓는 돈일 뿐이라는 걸 잊지 말아야 한다.

'나 같으면' 주식 투자의 목표 수익률을 연 10% 정도로 잡을 것이다. 4년 동안 주식 투자 공부를 게을리하지 않았다면 충분히 달성 가능한 목표다. 복리의 마법이 통하거나 운이 따라 준다면, 월 100만 원 정도의 투자금은 4년 후, 1억 원 정도로 불어날 것이다. 아니, '나 같으면' 1억 원을 만드는 것을 목표로 정하겠다. 경우에 따라 이 목표를 달성하기까지 소요되는 기간이 1년이 덜 걸릴 수도, 2~3년이 더 걸릴 수도 있다. 그럼에도 이 모든 과정이 10년 안에는 꼭 이루어질 것이다. 물론 내가 돈에 관한 공부를 얼마나 열심히 하고 실천했느냐에 따라 걸리는 시간은 얼마든지 단축될 수 있다.

1억 원의 종잣돈은 이제 내가 노동력으로 얻는 수입과 별개로 나와 맞벌이를 시작하는 것이나 다름없다. 나의 분신처럼 나와 비슷하거나 더 많은 액수의 월수입을 만들어낼 수도 있다. 결국 복리의 마법과 오랫동안 다진 투자 실력이 그 진가를 발휘하게 된다면, 손에 쥔 돈 하나 없이 맨몸으로 사회생활을 시작했더라도 결국 '경제적 자유인'으로 거듭나게 될 것이다.

부자들의 조언

30대에 자수성가한 백만장자 사업가 엠제이 드마코^{MJ DeMarco}는 자신의 저서 《부의 추월차선 *The Millionaire Fastlane*》에서, 부자가 되는 지름길에 대한 색다른 주장을 내세워 인기를 끌었다. 책에서 그는 서행 차선, 즉 절약을 기반으로 한 평범한 투자 방식으로는 휠체어를 타고 다닐 만한 나이가 되었을 무렵에야 부자가 될 수 있다고 조언한다.

젊음과 돈을 함께 누릴 수 있다면 얼마나 좋을까마는 그게 말처럼 쉬운 일이 아니라는 건 많은 사람이 이미 알고 있는 사실이다. 어쩌면 휠체어를 타게 될 나이가 됐을 때라도 부자가 될 수 있다면, 무슨 짓이든 하겠다고 생각하는 이들이 더 많을지도 모르겠다. 이처럼 부자들이 들려주는 조언은 사실상 일반인들의 귀에는, '돈을 많이 벌면 부자가 될 수 있다' 혹은 '부자가 되면 돈을 많이 벌 수 있다'라는 말처럼 인과관계가 모호하고 실천이 불가능한 이야기들로 가득하다.

수학자에게 있어 미적분 방정식을 푸는 것은 어렵지 않은 일이겠지만, 빌딩의 벽돌을 한 치의 오차도 없이 쌓는 것은 어렵게 느껴질 것이다. 마찬가지로 벽돌 조적공에게 미적분 문제를 푸는 것은 벽돌 쌓는 일보다 훨씬 더 어렵게 느껴질 게 틀림없다. 사업으로 성공한 부자에게는 사업으로 돈을 버는 것이 어렵지 않게 느껴질 것이고, 부동산으로 돈을 번 사람은 부동산 투자가 어렵지 않게 느껴질 게 당연하다. 그들의 조언이 거짓이 아닌 진심 어린 충고임에 틀림없는데도, 일반인들이 그대로 따르기가 쉽지 않은 이유도 그와 같다.

"역세권의 입지가 좋은 위치에 브랜드 아파트 분양권을 분양가의 15% 이하의 프리미엄을 주고 매수했어요. 그리고 낮은 금리의 집단대출을 받아 잔금을 치른 후 2년 정도 기다려서 큰 시세차익을 얻을 수 있었죠!"

"월급만으로는 미래가 불투명하다고 생각했습니다. 그래서 곧바로 사표를 내던지고 신도시의 소형 아파트들을 알아보기 시작했죠. 경매, 공매 등 닥치는 대로 뛰어들어 공부하고 투자한 결과, 1년 만에 12채의 소형 아파트에서 월 800만 원의 임대수익을 받게 되었습니다."

"모두가 원하는 서비스를 제공하고 자생적으로 움직이는 시스템을 만들어낸 것이 사업의 성공 요인이었습니다. 사람들이 열광할 만한 서비스가 무엇일지 항상 고민했죠!"

이와 같은 성공 사례를 들으면, 무슨 생각이 드는가? 나는 왜 저러지 못했을까 하고 후회하는 사람도 있을 테고, 나도 당장 회사를 때려치워야겠다고 생각하는 사람도 있을 것이다. 하지만 대부분의 사람은 '그래서 뭐? 내가 뭘 어떻게 해야 하는 건데?' 혹은 '회사를 그만두면 당장 다음 달 아파트 대출이자는 어떻게 내?' 하는 자조 섞인 반문만 내뱉는 데 그친다. 그렇다 보니 오늘과 같은 내일을 맞게 되는 것이다.

부자들의 성공 사례와 조언 대부분은 해답을 가장한 질문에 가깝다. 그러니 그 질문에 대한 해답은 스스로 찾아야 하며, 그 해답을 찾을 만한 기본적인 능력을 갖추는 것도 나의 몫이다. 곱셈을 하기 위해서는 구구단을 외워야 하고, 드라이버 샷을 날리기 위해서는 먼저 공을 올려둘 '티'를 땅에 꽂아야 하는 것처럼 말이다.

부자들의 조언은 〈지금은 맞고 그때는 틀리다〉라는 영화 제목처럼, '누군가에게는 맞지만, 또 누군가에는 틀린' 이야기일 때도 많다. 물론 내가 이 책을 통해 전하는 이야기들 역시 이와 같은 한계에서 100% 자유로울 수 없다. 부자들의 조언은 금과옥조처럼 새겨들어야 할 만큼 옳은 이야기다. 적어도 그들의 실제 경험에서 기인한 결과로 증명된 것들이니까. 하지만 모든 부자가 같은 상황, 같은 경험을 토대로 부를 이룬 건 아니다. 그래서 어떤 부자는 근검절약을 최상의 가치라 강조하고, 또 어떤 부자는 아끼는 것만으로는 절대로 부자가 될 수가 없다며 불필요한 행동이라 치부해버리기까지 한다. 그러니 일반인들은 도대체 어떤 부자의 이야기가 옳고 또 누구의 방법을 참고해 따라야 하는지 혼란스러울 수밖에.

누군가가 이렇게 말했다고 하자. "월급의 10%를 주식에 투자하라." 이때 월급이 100만 원인 사람과 1,000만 원인 사람의 10%는 당연히 그 크기가 다르다. 한 달에 10만 원을 절약하고 투자해서 부자가 되기란 불가능에 가깝다. 하지만 100만 원이라면 가능할 수 있다. 따라서 월급의 10%를 주식에 투자하라는 말을 그대로 따를 경우, 어떤 사람은 아무런 경제적 효과를 얻을 수 없지만, 또 어떤 사람은 기대 이상의 효과를 얻게 될 수도 있는 것이다.

월급만으로는 평생 부자가 될 수 없다는 부자의 조언대로 직장에 사표를 던졌다가 부자는커녕 실직자로 전락해버릴 수도 있으며, 사업을 일으켜 정말로 부자가 되는 경우도 있을 것이다. 이는 부자들의 성공 원인이 다양하듯, 부자를 목표로 하는 사람들의 자산 상태나 성향 그리고 능력도 모두 다르기 때문에 생길 수 있는 오류들이다. 부자들의 조언을 말 그대로 따를 게 아니라, 내 상황에 맞게 맞춤 제작하고 연구하여 고찰하는 것이 중요한 이유다.

앞에서도 밝혔듯, 나는 나의 네 명의 자녀들이 경제적 자유를

누리기 위한 준비 시간을 최대한 단축했으면 하는 바람으로, 책을 쓰기 시작했다. "부자들의 조언을 새겨들어라" 한마디 하면 그만일 것을 굳이 복잡하고 어려운 금융 원리들까지 제시하며 힘들게 설명할 필요가 있었을까? 그렇다. 나는 단지 '경제적 자유를 얻는 방법'을 알려주고 싶었던 게 아니라, 독자들이 '경제적 자유를 얻는 방법을 듣고 이해할 수 있는 수준'이 되길 바랐다. 그것이 바로 '금융 지식'이다. 자본주의 시스템으로 이루어진 세상에서 그 시스템의 핵심인 금융에 대한 지식 수준이 낮다는 것은, 곧 노예의 삶을 계속해서 살아갈 수밖에 없다는 의미이기도 하다.

돈을 버는 가장 효율적이자 가치 있는 도구는 '돈'이라는 자본주의의 기본적인 원리, 예금과 적금 그리고 저축과 투자의 차이, 또 금융상품에 가입할 때는 물가상승에 따른 화폐가치 하락까지 계산에 넣어야 한다는 것, 빚이 될 수도 있는 빚 활용법, 투자 대상의 속성과 특징을 제대로 이해하는 것 등, 이 모든 것이 내가 주장하는 '금융 지식의 수준'을 높이는 일이다.

많은 사람이 경제적 자유, 돈으로부터의 자유를 얻기를 갈망하면서도 정작 경제와 금융, 돈에 관해서는 무지하고 무관심하다. 경제적 자유를 얻기 위한 첫걸음은 회사에 사표를 내던지는 것도, 창업을 하는 것도, 부동산에 투자하는 것도 아니다. 그것은 바로 '자본주의 금융 시스템을 이해하는 것'임을 기억하길 바란다.

아빠의 첫 돈 공부

1판 1쇄 발행 2019년 9월 17일
1판 8쇄 발행 2024년 6월 1일

지은이 박성현

발행인 양원석
디자인 남미현
영업마케팅 양정길, 윤송, 김지현

펴낸 곳 ㈜알에이치코리아
주소 서울시 금천구 가산디지털2로 53, 20층 (가산동, 한라시그마밸리)
편집문의 02-6443-8826 **도서문의** 02-6443-8800
홈페이지 http://rhk.co.kr
등록 2004년 1월 15일 제2-3726호

ⓒ박성현 2019, Printed in Seoul, Korea

ISBN 978-89-255-6752-5 (03320)